Sonia Pires Ramos

Entre nós Mulheres

CPAD

Capa, projeto gráfico e editoração: Eduardo Souza
Preparação dos originais: Regina Coeli e Ciro Zibordi
Revisão: Ciro Zibordi

CDD: 243 - Família
ISBN: 85-263-0771-1

As citações bíblicas foram extraídas da versão Almeida Revista e Corrigida, edição de 1995 da Sociedade Bíblica do Brasil, salvo indicação em contrário.

Para maiores informações sobre livros, revistas, periódicos e os últimos lançamentos da CPAD, visite nosso site: http://www.cpad.com.br

SAC — Serviço de Atendimento ao Cliente: 0800 701-7373

Casa Publicadora das Assembléias de Deus
Caixa Postal 331
20001-970, Rio de Janeiro, RJ, Brasil

1ª edição/2006

Agradecimentos

Em especial declaro a minha gratidão a Deus. Ele é o responsável por minha existência e pelas oportunidades de desenvolver conhecimentos e poder compartilhá-los.

Agradeço ao meu marido, Alcindo, e a minha família. Seu carinho sempre presente, confiança, paciência e estímulo me sustentam em tudo o que faço.

A minha mãe e irmãos, por serem tão especiais, amigos de oração.

Ao meu pai por seu amor e generosidade. Sua memória continua a tocar meu coração.

Agradeço ao meu pastor, José Wellington Bezerra da Costa, e à querida irmã Wanda Freire Costa pelo apoio espiritual e amizade. Desfruto o privilégio, unida a um grande número de mulheres, de trabalhar e compartilhar das bênçãos sob a sua liderança. E especialmente por prefaciar esta obra.

Agradeço ao pastor José Wellington da Costa Júnior e família pelo apoio.

Agradeço às equipes da CPAD. Pelo o suporte que me proporcionaram. Ao diretor executivo, Ronaldo Rodrigues de Souza, que acreditou e aprovou o projeto. Ao pastor Ciro Sanches Zibordi, que fez a edição com sensibilidade e sabedoria. À jornalista Regina Coeli, grande companheira, que incentivou meu projeto, dedicando o seu precioso tempo à seleção, leitura e correção dos textos, contribuindo com idéias e sugestões.

A todos que de alguma forma colaboraram comigo durante este trabalho. Na concretização dos nossos sonhos, Deus sempre prepara "anjos" para nos ajudar!

Sonia Pires Ramos

PREFÁCIO

Sinto-me privilegiada em prefaciar o livro *Entre Nós, Mulheres*, de autoria da irmã e amiga Sonia Pires Ramos.

O conteúdo desta preciosa obra é fruto de um caudal de conhecimentos psicológicos, somados à experiência de uma vida no altar. As riquezas dos assuntos abordados nos ensinam como viver com muita vontade de acertar. As reflexões explicitadas resultam de contactos diários com pessoas angustiadas, aflitas, que aprenderam conosco a vencer pela graça do Senhor Jesus Cristo.

Ao ler esta obra, sentimos a unção de Deus destilar em suas páginas — o que a diferencia de outros editados.

Sonia Pires Ramos o escreve com profundo conhecimento, vivido na prática do seu consultório, no qual aplica a ciência dosada com a Palavra de Deus.

Quando, em 1996, ela escreveu o artigo *Haja Fôlego! Haja Graça!*, despontava o início de uma brilhante carreira como escritora. Lendo seus muitos artigos aumentou minha admiração por seus dotes já conhecidos como irmã em Cristo, fiel companheira, ajudadora na obra de Deus, terapeuta, e agora magnífica escritora.

Como conferencista, tem beneficiado centenas de pessoas usando a ciência, a Palavra e a graça de Deus, resultando na restauração de vidas.

Possuir este livro é ter um tesouro, usá-lo é oferecer à alma momentos de edificação e de firmeza na fé.

Wanda Freire da Costa
Presidente da UNEMAD

SUMÁRIO

INTRODUÇÃO

Desde muito cedo aprendemos a desempenhar os nossos papéis. O papel feminino é desenvolvido a partir da convivência no lar com as figuras femininas que nos rodeiam. A mãe é, quase sempre, o modelo que inspira o desenvolvimento da identidade sexual da filha.

Louvo a Deus pela presença da minha mãe, que influenciou o meu desenvolvimento. Mulher corajosa, amorosa, de fé e oração, que teve como prioridade criar os seus filhos nos caminhos do Senhor. É uma verdadeira evangelista no lar. Com os seus conselhos ela já influencia a terceira geração de nossa família.

O apóstolo Paulo, em sua carta a Tito, recomenda que as mulheres mais experientes e maduras espiritualmente compartilhem com as mais jovens as suas vivências com o objetivo de encorajá-las e treiná-las para uma vida vitoriosa (Tt 2.3-5).

Minha mãe tem feito assim porque aprendeu com a sua mãe, minha querida avó Augusta, serva fiel ao Senhor que deixou o exemplo de uma vida dedicada a Deus. Ela soube desempenhar com muita propriedade e dedicação a maternidade espiritual dentro de sua família e fora dela. Assim também tenho procurado fazer.

Deus me presenteou com três jóias preciosas – minhas queridas filhas Márcia Cristina, Magali e Karin. Elas são a minha alegria e grande inspiração. A responsabilidade do papel de "mãe de meninas" me fez aprimorar conhecimentos e pedir a Deus graça suficiente para os desafios de cada dia no desenvolvimento delas. Hoje, crescidas e, também mães, desempenham os seus papéis com maestria.

Este livro é o resultado do trabalho desenvolvido ao longo da minha carreira. Fruto da orientação de Deus, dos meus estudos, de nove anos como articulista dos periódicos da CPAD, da observação e vivência com mulheres guerreiras e poderosas em Cristo; e outras frágeis, mas com muita vontade de acertar. É fruto de reflexões e do contato diário com pessoas, que compartilham as suas angústias, preocupações, e os pontos fracos e fortes de suas vidas.

Tem sido enriquecedor receber, por meio delas, inúmeras oportunidades de crescimento, ampliando a minha capacidade de percepção, interpretação e atuação na realidade.

Nesta obra colocamos em destaque a importância dos diferentes papéis que nós, mulheres, desempenhamos no dia-a-dia. Meu desejo é que nesta leitura você encontre um momento para rever a sua dinâmica pessoal enquanto mulher cristã. Você foi criada por Deus para ser feliz e vitoriosa e não para se consumir em angústia e tristeza ou dar espaço para doenças psicossomáticas, que surgem a partir das preocupações produzidas por problemas difíceis reais ou imaginários.

Que você enriqueça o seu repertório de perguntas com respostas e novas estratégias para a solução dos problemas. Que Deus lhe dê uma visão mais ampla das situações que os seus papéis impõem, sejam eles familiares como mãe e esposa ou como profissional e serva do Senhor no serviço cristão. Que você possa, também, encontrar motivação para rever os seus sonhos, colocá-los à apreciação do Senhor e não deixar passar oportunidades proporcionadas pelo Senhor para realização deles. Somos filhas amadas de Deus e Ele quer, por nosso intermédio, realizar proezas!

"Tudo quanto te vier à mão para fazer, faze-o conforme as tuas forças" (Ec 9.10a).

Capítulo 1

Haja fôlego! Haja Graça!

"Apesar da diversidade de tarefas
que as mulheres enfrentam
no cotidiano, há graça suficiente
para levá-las à notável
condição de vencedoras".

Você já parou para pensar na multiplicidade de papéis que nós mulheres desempenhamos diariamente? Na Bíblia, encontramos muitos exemplos de mulheres ativas que conseguiram distinção por seu porte, comportamento e atuação. Elas utilizavam seus talentos como boas donas-de-casa, esposas primorosas e mães dedicadas. Além daquelas que exerciam papéis em diversos outros campos de atividade como juíza, artesã, servindo na igreja, etc.

Podemos citar Ana como exemplo de mãe ideal, pois conseguiu desempenhar sua missão com muita graça (1 Sm 2.19). Abigail, com sua coragem, prudência e sabedoria, desempenhou seu papel de apaziguadora e conciliadora (1 Sm 25.3,18,19). Temos ainda Dorcas, a mulher benevolente, que costurava e se preocupava em fazer boas obras, ajudando os pobres da sua igreja (At 9.36).

Definimos "papéis" como sendo as nossas atribuições. É um modo estruturado de participação. Abrange um grande número de tarefas, sentimentos e pensamentos adequados e, talvez, alguns privilégios. Nossa vida é uma sucessão de papéis. E não é fácil enfrentar todos os dias esses desafios. Ser esposa, mãe, administradora do lar, cooperadora na igreja e, às vezes, desempenhar atividades profissionais.

Como utilizar melhor os talentos que recebemos? Haja fôlego! Cada uma de nós, dentro da sua realidade, busca fazer o melhor. Traçamos objetivos e nos organizamos para cumprir as tarefas numa cadeia de comportamentos desgastantes. Geralmente, o produto final das nossas ações para alcançar os objetivos propostos, resolver problemas ou simplesmente interpretar e compreender a realidade ficam comprometidos, criando conflitos e frustrações. Isso acontece porque desempenhamos nossos papéis a partir da percepção que temos da situação e da forma como nos posicionamentos frente a ela.

É aí que entram em ação o racional e emocional. Ingredientes da nossa personalidade irão interferir positiva ou negativamente. E contamos, ainda, com interferências externas. Nem tudo depende de nós. Dependemos, muitas vezes, da boa vontade e da compreensão das pessoas que nos rodeiam. De alguma forma, elas irão interferir no resultado final daquilo que estamos fazendo. Haja graça!

Ao longo do meu trabalho, tenho visto mulheres com inúmeros problemas emocionais, depressão, doenças psicossomáticas e empobrecimento da personalidade. Comprometimentos e sintomas gerados e desenvolvidos a partir das pequenas ansiedades acumuladas, das frustrações e da forma neurótica como desenvolvem suas atividades. A mulher acaba ganhando "rótulos" das pessoas com quem convive diariamente: "a nervosa", "a zangada", "a irritada". Esses estigmas, conseqüentemente, desvirtuam o teor das nossas palavras ou ações, colocando em risco o alcance do nosso objetivo. Por exemplo, no papel de mãe, a mulher grita com seu filho adolescente, lembrando-o de algum dever importante. Frente à gritaria, o filho poderá não levar em conta a solicitação da mãe, justificando-se: "Ela é muito nervosa mesmo".

A impulsividade agressiva no desempenho dos papéis e o comprometimento com sentimentos inferiores podem alterar nossa atuação e nossos resultados. Situações desse tipo provocam sentimentos de inadequação, frustração e auto-imagem negativa. Assim, as mulheres passam a perceber os seus papéis não como um saudável desafio, mas como se fosse uma ameaça. Daí vem o desânimo e a completa falta de motivação para desempenhá-los.

Devemos procurar conhecer melhor nossas características pessoais, possibilidades, pontos fracos e fortes, e nossas limitações. É importante perceber qual a dinâmica de funcionamento, quais os sentimentos que permitimos interferir no desempenho de nossos papéis e em que podemos melhorar. Estabelecer prioridades para as atividades diárias, lembrando que não é conveniente ultrapassar o limite das nossas forças, mantendo espírito, alma e corpo íntegros, e em harmonia, para que o lar seja uma bênção. É prioridade identificar a verdadeira vontade de Deus para nós, tendo a sua Palavra como manual para um bom desempenho.

A chave para manter a motivação e encarar os papéis como um desafio é saber que, acima das limitações humanas, está o Senhor, que à nossa frente nos fará vitoriosas. "Tudo posso naquele que me fortalece" (Fp 4.13). A cada manhã Ele dispensa a sua graça, o seu favor e cuidado para conosco. Porém, é prioritário entregarmos tudo em suas mãos. Ele dispõe de graça suficiente para nos levar à notável condição de vencedoras! "Lançando sobre Ele toda a vossa ansiedade, porque ele tem cuidado de vós" (1 Pe 5.7). Que tal permitirmos que o Espírito Santo nos oriente nessa tarefa?

Capítulo 2

Motivação a Fonte Oculta

"A motivação surge a partir de uma necessidade ou da importância que atribuímos àquilo que desejamos obter".

Nossas ações e reações não acontecem por acaso. Existem ocasiões em que demonstramos muita persistência, ações organizadas e satisfação em desenvolver tarefas para alcançar um determinado objetivo. Vencemos obstáculos em função da satisfação de uma necessidade. Em outras ocasiões, iniciamos atividades após relutar contra a falta de vontade. Parece que somos arrastadas sem o menor gosto. Não raramente desistimos ou chegamos a meta final com muito esforço e, às vezes, com a ajuda de incentivos externos. Contamos com fatores que antecedem o nosso comportamento, determinando tipos e intensidade. Se você pensar um pouco para lembrar algumas das muitas atitudes que já tomou, talvez seja mais fácil entender a importância das forças internas que nos levam à ação.

As necessidades geram motivação. Temos de desempenhar papéis com eficiência, o que estimula comportamentos e ações organizados. A necessidade de ajudar nossos filhos a crescerem saudáveis e inteligentes nos impulsiona a cuidar deles; a necessidade de mostrar-lhes a importância de conhecer a Palavra de Deus nos estimula a ler a

Bíblia; e a necessidade de um contato mais íntimo com Deus nos motiva a orar.

Motivação é o termo utilizado para designar as condições ou estados internos que ativam ou incitam o organismo e levam a um comportamento dirigido para alcançar um objetivo ou meta. Nossas ações e reações são dirigidas para alcançar metas. Ainda bebê, tudo o que a criança é capaz de fazer está invariavelmente relacionado à satisfação das necessidades biológicas básicas. No início da vida, somos motivados a sugar o seio materno ou mamadeira porque temos fome; a dormir porque temos sono. À medida que crescemos novos motivos são incorporados ao nosso mundo mental, dando origem a um leque enorme de ações para a satisfação das necessidades criadas.

A motivação surge a partir de uma necessidade ou da importância que atribuímos àquilo que desejamos obter. Ela é considerada pelos estudiosos do comportamento como uma "mola propulsora" que impulsiona e mantém ações organizadas até alcançar o objetivo.

Uma vez alcançado o objetivo, ou satisfeita a necessidade, a motivação específica deixará de existir. Por exemplo, no papel de mãe, uma das tarefas é levar o filho pequeno para a escola. Essa tarefa é considerada pela mãe como uma necessidade importante e um objetivo diário a ser alcançado.

Inúmeras ações são organizadas em função dessa necessidade, ou seja, preparar-lhe o banho, alimentação; verificar tarefas e material que será levado para a escola bem como o seu lanche; observar horário para que não haja atraso; e, finalmente, chegar ao objetivo vendo o filho entrar na escola. Feliz, com a sensação gostosa de dever cumprido, a mãe só terá motivação para toda essa maratona no dia seguinte quando novamente a necessidade se fizer presente.

A motivação também traz para a pessoa o sentimento de autorealização pela possibilidade de ultrapassar barreiras no sentido de alcançar metas propostas. Sem motivação é difícil desenvolver uma tarefa, vencer obstáculos e alcançar objetivos.

Enquanto a motivação é considerada uma força interna, pois surge dentro da pessoa, o incentivo é uma força externa que nos leva a fazer muitas coisas. Elogios, palavras de reconhecimento ou de incentivo por alguma coisa que fazemos são demonstrações externas que nos incentivam a continuar alguma atividade para as quais nem estávamos tão motivadas.

Por meio da observação do comportamento de uma pessoa, podemos perceber se ela está motivada ou não. Talvez seja a oportunidade para compreendermos a situação e ajudá-la com incentivos que podem ser palavras agradáveis, encorajamento, estímulo, elogio ou algo externo que utilizamos para motivar alguém a quem amamos a alcançar o objetivo. Podemos, também, por meio de palavras negativas, levar alguém à derrota. "De uma mesma boca procede bênção e maldição. Meus irmãos, não convém que isto se faça assim" (Tg 3.10).

A pessoa motivada age substancialmente diferente em termos de níveis de desempenho ou velocidade. As ações motivadas se diferenciam das ações não motivadas em alguns aspectos, segundo Cofer e Appley:

- O comportamento motivado corresponde a um ciclo: necessidade-ações-objetivo;
- O comportamento motivado é seletivo. Faz com que a experiência esteja voltada para ações específicas. Sempre em busca de satisfazer necessidades, metas ou motivos despertados;
- O comportamento motivado é relativamente ativo e persistente. A pessoa não desiste com facilidade. Quanto maior o motivo maior será as atividades e persistência do organismo em direção a metas relacionadas a esse motivo;
- O comportamento motivado é de natureza homeostático. Tende encontrar equilíbrio.

Ao mesmo tempo em que entendemos a importância da motivação para nossas ações diárias, sabemos que nem sempre estamos motivadas para as atividades que precisamos desenvolver. Muitas das nossas ações são desenvolvidas, não de forma espontânea, mas como obrigação. Nessas ocasiões, fazemos o que temos a fazer, mas a atividade se torna um fardo pesado a ser carregado quando eventualmente abandonamos a tarefa no meio do caminho. Sem motivação fica difícil realizar uma tarefa. Nem sempre as experiências diárias proporcionam bons motivos para mantermos seqüências de ações até alcançarmos objetivos. Uma reflexão quanto à importância, necessidade e valor do objetivo que desejamos alcançar nos ajudará a desenvolver atitudes mais saudáveis.

Se permitirmos que o Espírito Santo atue em nosso interior, o nosso exterior refletirá os efeitos. Por meio da fé no Senhor e no seu grande poder, ganhamos motivação para entender o plano de Deus para a nossa vida e também para torná-lo viável e prático.

Na Bíblia, encontramos inúmeros exemplos de mulheres que encontraram motivação para viver vitoriosamente apesar das dificuldades. Hagar é um exemplo. Desprezada e abandonada com seu filho, ela não possuía, aparentemente, motivos para continuar vivendo, andando errante no deserto de Berseba. Sua motivação era para estar distante do filho o suficiente para não vê-lo morrer de sede. Deus mandou seu anjo para falar com Hagar, e ela teve, então, motivação para viver e criar o seu filho, após entender o plano que Deus tinha para eles (Gn 21.14-19).

Mateus 15.21-25 relata a história de uma mulher cananéia que, pela fé no poder de Deus, venceu barreiras e chegou até Jesus, buscando a libertação de sua filha e alcançando vitória.

Assim como estas e tantas outras mulheres, também podemos estar motivadas para enfrentar experiências diárias usando a fé e a confiança em Deus como elementos mantenedores da nossa motivação. Como conseqüência, alcançaremos grandes vitórias que servirão como referencial para novas motivações.

Capítulo 3

Vivendo com Prudência

"O cristão é prudente e cultiva
na sua família esta qualidade.
É prudente quando fala, está sempre
pronto a ouvir e vê as situações
mais complicadas
sob a ótica de Cristo".

Prudência é um pré-requisito importante para a vida de homens e mulheres cristãs. É, ao mesmo tempo, considerada uma qualidade essencial para quem se propõe a observar o plano que Deus tem lhe preparado. Ser prudente significa ter a virtude que faz conhecer e praticar o que é conveniente. É saber refletir, ser cauteloso, e possuir serenidade de espírito.

Vivemos numa época em que grandes mudanças fascinam homens e mulheres em todo o mundo. Os apelos dos meios de comunicação nos levam a entrar em contato com as transformações de valores e conceitos. Inúmeras leis foram revistas e modificadas para acompanhar esse processo. E nós, cristãos, como nos posicionamos frente a tudo o que acontece à nossa volta? Como reagimos quando, além da nossa opinião sobre determinados assuntos, precisamos também operacionalizar nossos objetivos como filhos de Deus?

A prudência nos leva a desacelerar nossa impulsividade para rever ações e reações mais convenientes e assertivas. "Eis que vos envio como ovelhas no meio de lobos; portanto, sede prudentes como as serpentes e símplices como as pombas" (Mt 10.16).

Estas foram palavras de Jesus aos seus discípulos quando os comissionou para a importante missão. Podemos refletir sobre essas palavras e, como servos do mesmo Senhor, sentir o impacto da analogia feita por Ele.

"Como ovelhas no meio de lobos", sujeitas aos perigos do caminho, observando fielmente a vontade de Deus, dependendo da sua provisão e cuidado.

As ovelhas possuem algumas características específicas, que identificam também os cristãos. São animais domesticáveis, obedientes e mansos. Os lobos são carnívoros e atacam bois, ovelhas, coelhos, lebres, cavalos e até homens, quando famintos. São comparados a homens e mulheres que vivem sem Cristo, entregues às suas próprias paixões, instintos e crueldades.

Conviver com o mundo e as pessoas sem Cristo exige prudência e sabedoria (Tg 1.5). Refletindo sobre a relação "prudente como a serpente", consideramos que, embora a serpente seja um réptil repelente, ela parece estar sempre alerta para os perigos do seu habitat e de prontidão para atacar. Como filhos de Deus devemos estar sempre atentos para contra-atacar o Inimigo, ao mesmo tempo tendo a simplicidade de uma pomba (Tg 1.18).

O cristão prudente não se deixa levar por conversas, opiniões e atitudes contrárias à Palavra de Deus, mesmo que venha de seu melhor amigo. Antes, ouve as palavras de Jesus e as cumpre. Assim, está plenamente identificado com o perfil de homem e mulher prudente, descrito por Jesus no Sermão da Montanha: "Todo aquele, pois, que escuta estas minhas palavras e as pratica, assemelhá-lo-ei ao homem prudente, que edificou a sua casa sobre a rocha; e desceu a chuva, e correram rios, e assopraram ventos, e combateram aquela casa, e não caiu, porque estava edificada sobre a rocha" (Mt 7.24-25).

A prudência nos leva a ter cautela e discernimento espiritual (Os 14.9). Nossos sentidos são focalizados para o conhecimento e elaboração das nossas experiências, denotando sabedoria, intimamente ligada à prudência (Pv 8.12).

O cristão é prudente e cultiva na sua família esta qualidade. É prudente quando fala, está sempre pronto a ouvir e vê as situações mais complicadas sob a ótica de Cristo. Prudência não é um mero mecanismo de defesa. É, sobretudo, uma necessidade. Ela nos ajuda a viver sabiamente o cotidiano, faz com que o nosso futuro seja delineado com segurança, e também possui efeito preventivo. O autêntico cristão procura sempre a presença de Deus, não permitindo a frieza espiritual, "mantendo suas vasilhas cheias de azeite para que suas lamparinas não se apaguem na espera do noivo" (Mt 25.2,9-10).

Homens e mulheres prudentes conseguem manter motivação para agir em situações que exijam um longo período de atuação. Quantas vezes nos deparamos com problemas com os quais precisamos conviver sem possibilidade de solução em curto prazo? Quase sempre sentimos que não possuímos paciência suficiente para suportar esse tempo difícil. A prudência nos leva a reconhecer a situação, encontrar estratégias e suprimentos de graça, sabedoria, tranqüilidade e paz.

Se permitirmos lugar de honra ao Senhor em nossa vida, na alegria e na tristeza, na bonança ou necessidade, em tempos de paz ou guerra, os resultados, com certeza, serão positivos. Lembremos que cada vitória conseguida reforça o nosso ânimo para continuar. "A alegria do Senhor é a nossa força" (Ne 8.10).

Capítulo 4

Tempo Aliado ou Inimigo?

"Ocupar o tempo de qualquer maneira não satisfaz a nossa proposta de fidelidade a Deus. Afinal, somos apenas administradores do tempo que Ele nos proporciona aqui na Terra".

A estruturação do tempo é uma das tarefas mais importantes que podemos realizar. É estimulante saber que cabe a cada uma de nós a responsabilidade de ocupar nosso tempo de forma produtiva. Quantos talentos podem ser desenvolvidos, quantas habilidades treinadas quando nos prontificamos a usar o tempo sabiamente.

Nossa vida é um presente de Deus. Ela é eterna. Contudo, aqui na Terra ela é passageira. Temos um tempo de vida, permitido por Deus. Não vivemos, também, por acaso. Estamos aqui por propósito divino. Logo, dela prestaremos contas. Existem muitas maneiras de ocuparmos o tempo. Desde comportamentos extremos, que vão da ociosidade total ao estresse por excesso de atividades. Cada um deles originando satisfações diferentes. "Não erreis: Deus não se deixa escarnecer; porque tudo que o homem semear, isso também ceifará" (Gl 6.7).

Definimos tempo como duração, época, período. Ainda, ampliando o sentido, dizemos que tempo significa oportunidade, momento. É considerado como o limite de duração dos seres e das coisas.

Estruturar o tempo é um processo, e existem etapas importantes que não podemos deixar de levar em consideração. Vejamos quais são:

- Ter consciência do significado da nossa vida e buscar entender o plano que Deus tem para ela;
- Desenvolver uma postura responsável frente à ocupação do tempo;
- Estabelecer prioridades;
- Usar a capacidade de percepção e organização para interpretar e operacionalizar ações que tornem o nosso existir significativo;
- Ocupar o tempo com equilíbrio e de forma ampla, levando em consideração o compromisso com Deus, cumprindo a tarefa de concretizar o plano que o Pai nos atribuiu deve ser a nossa meta. "Remindo o tempo, porquanto os dias são maus" (Ef 5.16).

Considerar ainda o que não devemos fazer:

- Deixar o tempo passar e fazer o estritamente necessário para sobreviver ou gastá-lo com futilidades significa enterrar talentos se compararmos essas atitudes à parábola que Jesus contou no sermão profético (Mt 25.14-30).
- Desgastar-se num ritmo estressante com tarefas infindáveis com sérios prejuízos para a saúde física, mental e emocional não é o que Deus espera de nós também, pois o nosso corpo é o templo do Espírito Santo e deve ser cuidado como tal. "Ou não sabeis que o vosso corpo é o templo do Espírito Santo que habita em vós, proveniente de Deus, e que não sois de vós mesmos" (1 Co 6.19).

A Bíblia contém revelações práticas da maneira como devemos aproveitar o tempo. Temos exemplos de homens e mulheres que souberam ocupar o tempo desenvolvendo seus talentos e proporcionam lições que nos permitem reflexões e ações mais organizadas.

Moisés, no salmo 90, fala da eternidade de Deus e da brevidade da vida humana. No versículo 12, ele deixa registrado em forma de oração o seu pedido de ajuda para que o seu tempo fosse utilizado da melhor maneira possível. "Ensina-nos a contar os nossos dias, de tal maneira que alcancemos coração sábio".

Muitos anos depois, encontramos o rei Davi reconhecendo a soberania de Deus dizendo: "Os meus tempos estão nas tuas mãos" (Sl 31.15). Ocupar o tempo de qualquer maneira não satisfaz a nossa proposta de fidelidade a Deus. Afinal, somos apenas administradores do tempo que Ele nos proporciona aqui na Terra.

Salomão, filho e sucessor de Davi no reinado de Israel, foi um homem que recebeu sabedoria como dom especial de Deus. Entre os três mil provérbios compostos por ele, muitos refletem sobre questões práticas da vida e expressam lições sobre o tempo oportuno para realizarmos nossos projetos: "Tudo tem o seu tempo determinado, e há tempo para todo o propósito debaixo do céu" (Ec 3.10). Em 9.11 deste mesmo livro, lemos que "o tempo e a sorte pertencem a todos". Ou seja, uma idéia fatalista não deve ocorrer nas mentes cristãs, pois o Senhor garante a nossa vitória em nossos empreendimentos, quando buscamos saber a sua vontade.

Em algumas ocasiões, passamos por situações nas quais nos sentimos totalmente impotentes para estruturarmos o tempo. Quantas vezes nos sentimos fracos, desanimados ou doentes. O Senhor Deus é capaz de nos fortalecer por meio da oração (1 Jo 5.14,15). Outras vezes, sentimo-nos pouco sábias para a tarefa. Na Palavra de Deus, encontramos a solução (Tg 1.5). Se o nosso caminho parece confuso, e não sabemos que rumo tomar, Ele está presente para desembaraçar nossos passos (2 Sm 22.30,33).

Somos agraciadas com a oportunidade de novos propósitos e realizações. É o começo de um novo tempo. Valorizar o dom da vida e aproveitar todas as horas com sensibilidade, percebendo o que nos chega às mãos para fazer, é básico e fundamental para colhermos muitos frutos em todas as áreas da vida.

Quando ocupamos nossa mente com bons propósitos e utilizamos nossas mãos para sua realização, ganhamos saúde e satisfação. Podemos dizer que o tempo é o nosso aliado. Se não realizamos nada, ele passa a ser nosso inimigo. Frustração, autopiedade, revolta e outros sentimentos negativos poderão distorcer o real sentido da vida. "Tudo o que te vier à mão para fazer, faze-o conforme as tuas forças" (Ec 9.10).

Capítulo 5

Nossas Escolhas

"Escolher pode definir uma situação para melhor e produzir grandes bênçãos na vida de uma mulher quando for uma decisão ponderada e em harmonia com Deus".

Escolher faz parte das nossas ações diárias. Vivemos fazendo escolhas. Escolher é ter oportunidade de optar, selecionando ou dando preferência a alguma coisa. É o gosto que demonstramos a partir de um impulso que pode ser emocional, irracional, ou equilibrado pela ponderação e discernimento de quem é sensata para fazer escolhas.

Possuidoras de livre-arbítrio, nascemos, crescemos e desenvolvemos capacidades e conhecimentos que, quando identificadas por nós e canalizadas para bons propósitos, funcionam como pré-requisitos importantes para fazermos boas escolhas e estarmos satisfeitas com elas.

Fomos escolhidas e nomeadas por Deus (Jo 15.16). A Bíblia relata que desde antes da fundação do mundo (Ef 1.4) era projeto dEle que fôssemos suas filhas. Essa adoção se tornou possível por meio de Jesus. Deus nos escolheu também para que sejamos suas testemunhas. "Vós sois as minhas testemunhas, diz o Senhor, e o meu servo, a quem escolhi; para que o saibais, e me creiais, e entendais que eu sou o mesmo, e que antes de mim deus nenhum se formou, e depois de mim nenhum haverá" (Is 43.10).

Assim, escolhidas amorosamente, não podemos nem queremos ignorar a sua vontade. Queremos que Ele participe de nossas escolhas. "Qual é o homem que teme ao Senhor? Ele o ensinará no caminho que deve escolher" (Sl 25.12). Deus, como Pai querido, possui capacidades divinas e quer nos orientar em nossas escolhas, quando permitirmos que Ele o faça.

Tomar decisões nem sempre é tarefa fácil. E, muitas vezes, corremos sérios riscos quando estamos diante de diversas opções. Escolher pode definir uma situação para melhor e produzir grandes bênçãos na vida de uma mulher quando for uma decisão ponderada e em harmonia com Deus.

Homens e mulheres da Bíblia fizeram assim. Por intermédio de Moisés, Deus fez um novo pacto com o povo de Israel dando-lhes a opção de escolher entre a vida ou a morte, bênção ou maldição (Dt 30.19). Josué fez o mesmo e se posicionou definindo a sua escolha: "Porém, se vos parece mal aos vossos olhos servir ao Senhor, escolhei hoje a quem sirvais: se os deuses a quem serviram vossos pais, que estavam dalém do rio, ou os deuses dos amorreus, em cuja terra habitais; porém eu e a minha casa serviremos ao Senhor" (Js 24.15).

Em contrapartida, podemos colher conseqüências desagradáveis quando fazemos uma escolha precipitada, baseada em argumentos vagos, ou levada pela interpretação de elementos que pareçam bons, mas que são falsamente apresentados. Isso acontece, principalmente, quando queremos fazer a nossa própria vontade. Há mulheres que por conta das más escolhas que fizeram amargam conflitos, mágoas e frustrações.

O comportamento impulsivo leva a escolhas precipitadas que nem sempre são as melhores ou mais adequadas à nossa realidade. Nem sempre estamos seguras para fazer escolhas. Escolher pode gerar conflitos. Tanto as pequenas quanto as grandes coisas do dia-a-dia, além das importantes decisões que tomamos, influenciam amplamente nossa vida.

Podemos sofrer influências dos meios de comunicação na escolha dos produtos que consumimos. Nem sempre o que nos convence é a qualidade. Em geral, somos levadas a escolher produtos pelo status social que representa ou pelo efeito emocional compensatório que ele ofereça.

A dinâmica para se fazer escolhas tem início na infância. O aprendizado se dá por intermédio da orientação que é transmitida pelos pais. Porém, as crianças observam o temperamento e a maneira como os pais tomam suas decisões e acabam adotando o mesmo modelo de atuação. Nem sempre o que é transmitido por palavras é vivido. A mensagem implícita no comportamento dos pais é interpretada e vivida pelo filho nas suas experiências diárias. Em suma, influenciamos nossos filhos transmitindo para eles valores e critérios para fazer escolhas acertadas ou incoerentes.

Boas escolhas dependem do bom senso, moderação e do grau de maturidade emocional da pessoa. Implica crescimento. "Manteiga e mel comerá, até que ele saiba rejeitar o mal e escolher o bem" (Is 7.15).

Quando nos permitimos aprender, ponderando e extraindo das nossas experiências boas lições, aumentamos o nosso repertório de informações para próximas escolhas. Nem sempre possuímos dados suficientes para escolhermos sem riscos. Somos limitadas, mas contamos com o Senhor que tem todo o conhecimento e sabe o que é melhor para nós.

Que tal refletirmos sobre algumas sugestões para que nossas decisões tenham maior chance de acerto? É fundamental identificar a importância ou necessidade do que se escolhe; ter autocontrole, principalmente para não escolher por impulso; ponderar vantagens, desvantagens e conseqüências do que se escolhe; lembrar que as escolhas podem ser influenciadas por sentimentos, pela capacidade de elaboração mental, pela vontade de Deus ou pelo Inimigo das nossas almas. "Uma coisa pedi ao Senhor e a buscarei: que possa morar na casa do Senhor todos os dias da minha vida, para contemplar a formosura do Senhor e aprender no seu templo" (Sl 27.4).

CAPÍTULO 6

O Que Fiz de Errado?

*"Sentimentos de derrota,
perda e frustração comprometem
nossa atenção em escutar o que Deus
tem a nos dizer sobre um problema".*

Nossa vida é permeada de momentos significativos de ganhos e perdas. Isso é saudável a nossa motivação. Construímos sonhos e buscamos recursos para a concretização deles. Com as habilidades que possuímos, investimos e acompanhamos com expectativa o resultado de nosso trabalho. Essa dinâmica se repete em todas as áreas da vida. Na verdade, iniciamos muito cedo a construção das nossas realizações.

Existe, porém, um tempo determinado, específico e orientado por Deus para cada conquista ou perda em nossa existência (Ec 3.1). Para nós, que reconhecemos o Senhor Jesus como diretor do nosso destino, a confiança de que tudo vai dar certo é tranqüilizadora. Nossas expectativas são de sucesso, mas alguns problemas e às vezes perdas que não constavam em nosso plano de ação fazem parte do processo vital (Jo 16.33).

Como nem sempre lembramos que os problemas nos trazem possibilidades de crescimento, demonstramos enorme dificuldade em aceitar os imprevistos e também em encontrar a melhor solução para eles.

Nós, mulheres, possuímos fina capacidade para identificar problemas e grande sensibilidade para nos preocupar com eles. Muitas vezes, nossa mente se fixa no pior ponto do tema que nos preocupa, e perdemos o sono, pensando em uma forma de resolver a questão ou mesmo tentando encontrar respostas positivas para o ocorrido. Se não encontramos uma explicação, somos tomadas pelo sentimento de perda, que compromete nosso equilíbrio emocional e coerência diante dos fatos.

Escuto, com freqüência, a narrativa de problemas — grandes e pequenos. A intensidade e complexidade variam, bem como a reação das mulheres em torno deles. Ouvi um casal cristão que não consegue entender nem aceitar a perda da filha, que faleceu aos 5 anos de idade, após um difícil período de enfermidade. Também esteve comigo uma jovem que namorou um rapaz, de quem mais tarde ficou noiva, acreditando que o seu relacionamento fosse para sempre. Parecia amor eterno. Sem explicações, ele rompeu o noivado e está namorando outra moça. Agora, ela está com forte sentimento de rejeição, perda e infelicidade. O outro caso é de uma senhora, mãe de três filhos. O mais velho com 17 anos de idade, o segundo com 15, e uma menina com 13. Ela os criou da melhor maneira possível. O filho do meio, segundo a mãe, é rebelde e não quer estudar nem ir à igreja. Seus amigos são os mais problemáticos da escola. Quando não está com os colegas da rua onde mora, está assistindo a filmes ou ouvindo músicas em alto volume no seu quarto. Essa mãe se sente frustrada, triste, preocupada e com profundo sentimento de perda do filho idealizado, do investimento em ensinamentos e orientações e da falta de consideração positiva do filho.

Como podemos observar, essas três narrativas envolvem problemas, decepções e perdas. Refletem momentos diferentes, níveis e intensidade aparentemente distintos, porém despertam sentimentos precisos de impotência e perda. Daí nascem questionamentos como: O que fiz de errado? O que deixei de fazer? Por que isso aconteceu comigo?

Queridas, Deus é fiel! Nem sempre compreendemos e atuamos segundo a sua vontade. Nossa postura frente ao problema não pode ser simplesmente impulsiva, conclusiva ou radical. Em qualquer conflito, o primeiro passo é manter o equilíbrio emocional, permitindo que o Espírito Santo nos oriente na correta interpretação do caso e na tomada de atitudes adequadas em relação ao plano de Deus para nós. Os sentimentos de derrota, perda e frustração comprometem nossa atenção em escutar o que Deus tem a nos dizer sobre o problema (Is 41.10).

No primeiro caso citado, não há o que fazer além de aceitar a vontade de Deus, trabalhar a frustração pela perda e buscar consolo naquele que pode consolar (1 Ts 4.13,18). No segundo, encontramos a jovem infeliz por ter perdido o noivo. É difícil, nesse momento, perceber que a perda pode projetar o grande cuidado e amor que Deus tem por ela. Muitas vezes, quando imaginamos que perdemos, o Senhor está apenas nos dando oportunidade para receber algo muito melhor e especial. Por isso, não se deixe abater. Olhar para frente e manter o auto-respeito, como filha muito amada de Deus, podem garantir a vitória sobre a tristeza.

Quanto ao terceiro caso, todas as perdas que aquela mãe sente em relação ao filho produzem sentimentos negativos. Ela considera esgotada sua capacidade de paciência e recursos para endireitá-lo. Nessa situação, é fundamental não estabelecer comparações entre seus filhos. Cada um possui a própria personalidade. Portanto, este seu filho-problema deve ser percebido pelo que ele é e pelo que poderá vir a ser. Quando valorizamos algo de bom que nossos filhos possuem, ressaltando as suas qualidades, reforçamos seus comportamentos adequados. Com muita oração, paciência e graça, conseguimos abrir caminho para orientá-los quanto ao que devem melhorar para alcançar uma vida adulta saudável.

Não devemos desistir, mas prosseguir para que possamos, juntas, glorificar a Deus.

Capítulo 7

Não Ignore os Problemas

"Os problemas geram sentimentos que precisam ser trabalhados para que não distorçam nossos objetivos e nos façam tomar atitudes precipitadas".

A vida é uma dádiva preciosa de Deus. Nascer, crescer, desenvolver todo o potencial com que fomos dotadas, cultivar uma existência rica, saudável e plena, implica vivenciar as experiências diárias encarando-as como desafios.

Atravessamos problemas de toda ordem. Desde os simples até os mais difíceis com os quais, às vezes, precisamos conviver sem conseguir resolvê-los imediatamente. Estes, normalmente, produzem desgastes físicos e emocionais se não forem interpretados e resolvidos de forma adequada.

Podemos classificar os tipos de problemas em dois grupos. No primeiro, estão aqueles que surgem a partir de fatores internos e têm a ver diretamente com a individualidade de cada um. Seus efeitos aparecem no ambiente em que se vive e podem estar ligados à saúde física, mental ou espiritual, interferindo nos relacionamentos.

Vencer medos, ser impulsiva, estar acima do peso ideal e não conseguir emagrecer, lidar com a solidão, e falta de organização para ocupar o tempo livre e fazer algo para Deus, entre outras questões, são exemplos de problemas ligados a esse grupo.

O segundo grupo é formado por problemas externos, que aparecem a partir da nossa atuação no ambiente. Entre os exemplos estão a forma de conduzir de maneira correta a educação dos filhos, lidar com desentendimentos em família, ajudar mãe e/ou pai idoso, etc. Os problemas variam em seus tipos, intensidade e gravidade. Cada pessoa poderá potencializar o seu problema ou minimizá-lo. Então como considerá-lo?

O grau de dificuldade para solucionar problemas quase sempre está ligado diretamente à interpretação que fazemos deles. Porém, alguns surgem como pedras em nosso caminho. Se não forem removidos, bloqueiam-nos e nos impedem de avançar.

Resolver problemas constitui uma tarefa árdua e desafiante. Encontramos diversas abordagens para solucioná-los, mas nem todas primam pela eficiência. Podemos sugerir um processo de cinco etapas:

- O ponto de partida é o reconhecimento do problema e da necessidade de ação. O primeiro sinal de que precisamos agir surge quando notamos um desvio entre o que esperamos que aconteça e o que está acontecendo de fato;

- Preparar-se espiritual, mental, física e emocionalmente para agir. Cada tipo de problema exige uma preparação pessoal. Os problemas geram sentimentos que precisam ser trabalhados para que não distorçam nossos objetivos e nos façam tomar atitudes precipitadas. Levar a situação a Deus em oração, com a certeza e fé de que Ele pode atuar por você e com você, por mais complicada que seja, traz tranqüilidade. A partir daí, a ótica do problema se modifica porque o Pai onisciente, onipotente e onipresente chegará aonde você não chega, e você será vitoriosa. "Deus é o que me cinge de força e aperfeiçoa o meu caminho" (Sl 18.32).

- Encare suas lutas como oportunidades de crescimento e agradeça a Deus. "Em tudo dai graças" (1 Ts 5.18). Interprete claramente o problema, descobrindo as causas. Pense a respeito. Dê-se a chance de pensar de forma ampla, levantando hipóteses de solução, vantagens e desvantagens, prós e contras, projetando, também, possíveis conseqüências.

- Tome decisões. Essa etapa consiste em estabelecer metas, avaliando cada alternativa de ação. É preciso ter cuidado para que a opção escolhida não provoque novos problemas. As alternativas a serem consideradas, dependendo do problema e do objetivo que se quer alcançar, podem ser conclusivas, adaptativas, remediativas, corretivas e/ ou preventivas.
- Avalie os resultados. Nessa fase, podemos avaliar nossa atuação no processo e quais as conseqüências das nossas ações.

Resolvendo o problema, você se sentirá livre para continuar sua caminhada. Se não conseguiu da forma como gostaria, saiba que o resultado desse processo é rico em experiências para o seu amadurecimento e lhe trará motivação para atuar em novas situações. "E esta é a vitória que vence o mundo, a nossa fé" (1 Jo 5.4b).

Nós, mulheres cristãs, somos privilegiadas por possuir promessas de bênçãos. Não temos, porém, a promessa de que não teremos problemas. Ao contrário, Jesus nos deixou em sua Palavra a seguinte afirmação: "No mundo tereis aflições, mas tende bom ânimo; eu venci o mundo" (Jo 16.33).

Com a promessa da presença do Senhor, temos a certeza de vitória sobre os nossos problemas. "E eis que eu estou convosco todos os dias, até à consumação dos séculos" (Mt 28.20).

Capítulo 8

Realizadas, Apesar das Frustrações

"As situações que vivenciamos
a cada dia podem causar frustrações,
mas também proporcionar
aprendizagem e se tornar
em fonte de alegria".

Nem sempre o dia termina da maneira como o planejamos. Por mais organizadas e sistemáticas que sejamos, tendo toda a fé e confiança que o Senhor está conosco para nos ajudar a vencer, existem fatores que se antepõem como obstáculo para alcançarmos um objetivo na satisfação de uma necessidade ou desejo. Muitas vezes, não conseguimos compreender a situação ou nos sentimos injustiçadas por não atingirmos determinadas satisfações materiais ou psíquicas. É o sentimento de frustração, que pode causar conflito e desencadear comportamentos agressivos às pessoas ou a si próprias no sentido de aliviar a tensão.

A frustração, essa reação de natureza emocional que surge frente a um obstáculo, varia de pessoa para pessoa. Uma pessoa tranqüila e feliz demonstra reações diferentes de outra que seja perturbada e insegura. O grau de frustração está diretamente ligado à forma como interpretamos os fatos do nosso dia-a-dia, levando em consideração não apenas a nossa vontade, sonhos e desejos, mas a soberana vontade de Deus, lembrando que algumas coisas não acontecem como gostaríamos porque investimos de forma inadequada para sua realização. Outras o próprio Pai não permitiu que se realizasse para o nosso próprio bem. Uma frustração bem interpretada é capaz de gerar forças para realizações excepcionais derivadas. Aí está a diferença entre a consciência normal e a neurótica. Esta acumula frustrações, não encontra saídas para ações derivadas que os satisfaçam, levando a personalidade à "pane" parcial ou total.

As frustrações, quando ocorrem em quantidade e intensidade normais, resultam numa experiência necessária ao bom desenvolvimento individual.

Desde o início da vida, a criança passa por inúmeras frustrações que contribuem para a sua educação. O desmame, aprendizagem da limpeza e outras interdições que são colocadas como regras de educação ajudam a criança a aumentar a sua capacidade para resistir às frustrações que ainda encontrarão durante o decorrer de suas vidas, além da capacidade para tomar iniciativas e o desenvolvimento do autocontrole. As mães não devem superproteger os filhos de maneira exagerada, poupando-os das frustrações naturais.

Satisfazer todas as vontades e caprichos dos filhos, resolvendo para eles todos os problemas, não significa amá-los. Devemos ajudá-los a vivenciar suas expectativas e treiná-los para uma vida adulta equilibrada. Lembramos ainda que nossos filhos aprendem mais pelo exemplo que passamos através da nossa maneira de ser e agir do que simplesmente pelo que lhes falamos.

Entre os adultos encontramos pessoas que agem com gestos, gritos e atitudes violentas quando são contrariadas. Essas pessoas tornam-se amargas, infelizes e contaminam o ambiente onde vivem. Para elas, tudo é motivo de frustração: o vizinho barulhento, os colegas de trabalho que conseguem maiores vantagens, falta de carinho e atenção de cônjuge ou filhos, aquela viagem de férias cancelada, decepções sentimentais, perda de um ente querido, etc. Como podem observar, as frustrações podem ser pequenas, de ordem material ou afetiva. Esta, em geral, é a mais vivamente sentida.

Em algum momento, estamos sujeitas a sofrer frustrações. Às vezes, podemos até pensar que a vida seria bem diferente se cada desejo nosso fosse satisfeito. Como filhas de Deus, amadas, sabemos, entretanto, que isso não é o mais importante. O Pai pode satisfazer todos os nossos desejos e necessidades, porém Ele sabe o que é melhor para nós e também o momento certo para nos dispensar bênçãos (Sl 38.9). As situações que vivenciamos a cada dia podem causar frustrações, mas também proporcionar aprendizagem e se tornar em fonte de alegria. Se permitirmos que o Espírito Santo controle nossas reações, com certeza, Ele nos ajudará a interpretar para aprender. Em conseqüência, temos alegria e paz.

Deus é fiel. Ele nunca nos decepciona. "E o Senhor te guiará continuamente, fartará a tua alma até em lugares secos, e fortificará os teus ossos; e serás como um jardim regado e como um manancial cujas águas nunca faltam" (Is 58.11).

Por meio da oração e fé em Jesus, aprendemos que circunstâncias contrárias não embaraçam os propósitos divinos. Toda mulher salva por Jesus desfruta de uma nova vida sob o governo de Cristo no que diz respeito aos seus pensamentos, projetos, palavras e práticas. A temperança como fruto do Espírito é refletida no domínio sobre os próprios apetites e desejos.

O segredo para uma vida feliz está em permanecer em Cristo. "Estai em mim, e eu, em vós; como a vara de si mesma não pode dar fruto, se não estiver na videira, assim também vós, se não estiverdes em mim" (Jo 15.4).

CAPÍTULO 9

Consumo Compulsivo

"Precisamos evitar comportamentos
inadequados e precipitados
em nossas escolhas preservando-nos
de ceder a um consumismo
cada vez mais atraente".

Vivemos a experiência de conviver com as novidades. A tecnologia altamente desenvolvida e o aperfeiçoamento na arte-final dos diferentes produtos fazem das vitrines alvo da cobiça e do desejo da maioria das pessoas.

Para atingir o povo, a propaganda aplica técnicas estudadas cientificamente, desperta o desejo e aguça a curiosidade, estabelecendo uma relação entre o que é oferecido e o grau de felicidade obtido quando se adquire um bem ou serviço. Ao mesmo tempo, crescem os problemas. Crianças, jovens e adultos estão cada vez mais expostos e vulneráveis a situações de tensão, ansiedade, euforia, medo e necessidades.

Na busca dos nossos objetivos, direcionamos comportamentos específicos, motivados por inúmeras necessidades que nos são apresentadas. Trabalhamos e sentimos reações, vencemos obstáculos e procuramos obter sucesso naquilo que investimos. Quando conseguimos, desfrutamos de uma satisfação muito grande. Mas nem sempre isso acontece. Muitas vezes, os objetivos são frustrados, e sentimentos tristes ganham espaço em nosso interior. Quase sempre são problemas para os quais não visualizamos solução ou que precisamos conviver por algum tempo até que possam ser resolvidos. Essas ocorrências podem comprometer o dinamismo pessoal, levando à depressão.

Quando conseguimos interpretar as nossas experiências, segundo o propósito de Deus, não permitimos que sentimentos derrotistas ganhem espaço e nos deixem amargurados e tristes. "E não vos conformeis com este mundo, mas transformai-vos pela renovação do vosso entendimento para que experimenteis qual seja a boa agradável e perfeita vontade de Deus" (Rm 12.2). Essas são algumas causas pelas quais a depressão, a tristeza e a amargura têm se tornado um alvo da propaganda e fonte de consumismo.

Estratégias

Televisão, rádio, revistas, jornais e cartazes quase sempre apelam para uma necessidade psicológica da pessoa. Esses meios de comunicação têm sido utilizados sutilmente por Satanás para convencer o povo da importância e necessidade de consumir os mais diversos produtos e serviços, estimulando a compra de "verdadeiros pacotes de felicidade".

O comportamento do consumidor sempre envolve uma escolha. Como não é possível consumir todos os bens e serviços que desejamos, somos obrigados a escolher entre eles. O foco do marketing é a necessidade do comprador.

As crianças são influenciadas a usar algo que viram no programa de televisão ou o brinquedo que aparece no comercial. Consumir é a palavra de ordem. Comprar uma roupa da moda significa estar elegante e traz um sentimento de prazer. Um carro moderno traz status social, ressalta um refinado gosto e a imagem de uma pessoa bem-sucedida. Contra a tristeza, a indicação é programar uma bela viagem. As agências de turismo oferecem programações para todas as preferências: montanha para quem quer sossego, grandes cidades para quem busca agitação, praia para relaxar, etc.

Contudo, nem sempre as propostas satisfazem plenamente. A propaganda é responsável por muitos dissabores e ansiedades que resultam de necessidades supérfluas, cuja satisfação é associada a um alto custo financeiro. Com o tempo, a pessoa percebe que a sua aquisição não passou de um comportamento impulsivo. "Semeais muito e recolheis pouco; comeis, mas não vos fartais; bebeis, mas não vos saciais; vesti-vos, mas ninguém se aquece; e o que recebe salário recebe salário num saquitel furado" (Ag 1.6).

Há pessoas que desenvolvem certa compulsão por adquirir novidades. Passada a euforia da compra, elas deixam de valorizar o que adquiriram, sentindo necessidade de procurar novas ofertas.

Boas opções dependem do grau de maturidade emocional, de bom senso e moderação. Precisamos evitar o comportamento inadequado e precipitado em nossas escolhas preservando-nos de ceder a um consumismo cada vez mais atraente. Pensando nisso, é necessário estar atentos a três pontos importantes:

- Identificar a importância ou a real necessidade do que se escolhe (Is 55.2);
- Ter autocontrole, principalmente para não escolher por impulso;
- Ponderar vantagens e conseqüências do que se deseja comprar.

Sejamos cuidadosos, pois as escolhas podem ser influenciadas por necessidades legítimas ou sentimentos consumistas que podem desviar a nossa atenção das prioridades e dos aspectos verdadeiramente significativos para a nossa vida cristã.

Capítulo 10

Depressão Sem Mistérios

"Tristeza profunda, preocupação excessiva, acessos de choro e sentimento de fracasso são alguns sintomas da depressão".

Popularmente, depressão é uma palavra utilizada para explicar desde o mau humor até a dor pela perda de um ser amado. É comum você ouvir uma amiga dizer: "Estou deprimida".

Existe, contudo, diferença entre tristeza, pesar e depressão. Tristeza e pesar são sentimentos que todas nós já experimentamos. É normal os vivenciarmos após o rompimento de uma relação, diante de problemas financeiros e de trabalho ou mesmo de dificuldades pessoais e outros acontecimentos estressantes. Em alguns casos, porém, essa tristeza pode se transformar em depressão. Existem pessoas que possuem essa tendência.

Podemos caracterizar a depressão como um sentimento de vazio que invade a alma, sendo mais profundo que a tristeza. É um processo que, alimentado por pensamentos negativos, pode durar muito tempo. É como se a pessoa entrasse num grande buraco e continuasse a cavá-lo à sua volta. Todas as áreas de atuação e perspectivas do futuro vão se tornando cada vez mais comprometidas, fazendo com que a pessoa perca o sentido da vida, não encontrando mais razão para continuar lutando.

Devemos interpretar todas as experiências que vivenciamos, sejam boas ou ruins, como oportunidades de crescimento. Deve existir em nós uma disposição para entender o que nos acontece segundo a ótica de Cristo. "E sabemos que todas as coisas contribuem juntamente para o bem daqueles que amam a Deus, daqueles que são chamados por seu decreto" (Rm 8.28). Em oração podemos perguntar: "O que posso aprender com isto?" O Senhor responderá. Com certeza, o resultado será crescimento espiritual e saúde para a mente e o corpo.

Esse estado emotivo desagradável que chamamos de depressão, às vezes é causado por outros fatores, como:

- Doenças físicas — Algumas doenças, por serem muito dolorosas e mudarem a vida das pessoas, podem levá-las à depressão. Outras causam alterações cerebrais favorecendo o estado depressivo;

- Fatores psicossociais — Tensão pré-menstrual, período pós-parto e menopausa podem contar muito para que as mulheres sejam mais vulneráveis à depressão;

- Medicamentos, drogas e álcool — Determinados remédios são responsáveis por ocorrências de depressão. Toda medicação deve ter controle médico para que os possíveis efeitos colaterais sejam observados e corrigidos;

- Auto-estima em baixa e sentimento de inferioridade — A pessoa é incapaz de perceber o potencial que possui. É insegura e não se posiciona frente aos problemas, entrando em processo depressivo e apresentando atitudes derrotistas;

- Falta de confiança em Deus — A pessoa tem dificuldades para entregar tudo ao Senhor. Não reconhece que Ele é capaz de resolver o que não podemos. Assim, não usufrui a paz que uma entrega total proporciona. "Entrega o teu caminho ao Senhor; confia nele e ele tudo fará" (Sl 37.5).

- Pecado oculto, falta de perdão e ciúme também podem levar à depressão.

Os sintomas da depressão podem ser leves, moderados ou severos. Veja alguns:

- Tristeza profunda e preocupação excessiva;
- Sentimento de fracasso;
- Acessos de choro;
- Irritação com problemas insignificantes;
- Dificuldades para se concentrar numa tarefa e para tomar decisões;
- Perda de interesse pelo sexo;
- Falta de atração até pelo que gosta de fazer;
- Perda de apetite ou compulsão para comer;
- Cansaço por não dormir bem ou por dormir demais

Identificado o problema, consulte um médico. Apoio da família, aconselhamento e respeito aos sintomas também contribuem para a recuperação da pessoa. E Deus, o que pode fazer nesse caso? Tudo. Curar depressão é uma das especialidades do Senhor. Por causa de preocupações e frustrações, não lembramos do essencial para vivermos ricamente, preferindo dar espaço a pensamentos negativos. Somente Jesus pode renovar a nossa mente. Assim, interpretaremos nossas experiências segundo o propósito divino. "E não vos conformeis com este mundo, mas transformai-vos pela renovação do vosso entendimento, para que experimenteis qual seja a boa, agradável e perfeita vontade de Deus" (Rm 12.2).

Jesus fez um convite muito especial: "Vinde a mim, todos os que estais cansados e oprimidos, e eu vos aliviarei" (Mt 11.28). Ele quer dar forças e motivações para descobrirmos valores e dons pessoais. Assim, ocuparemos nosso tempo e pensamento com coisas boas e edificantes.

Aproveite todas as experiências para observar como Deus cuida de você e o que Ele quer ensinar por meio delas. Mantenha sempre íntima sua comunhão com Deus pela oração e leitura da Bíblia. Permita a atuação do Espírito Santo em sua vida e perceba que "a alegria do Senhor é a nossa força" (Ne 8.10b).

Capítulo 11

A Reputação

"Uma personalidade feminina rica controlada pelo Espírito Santo resulta em comportamentos e performance exterior de verdadeiras filhas de Deus".

Vivemos tempos de extraordinárias transformações em todas as áreas do conhecimento e atuações humanas. Falar sobre reputação nos dias de hoje parece não ter o mesmo significado que 50 anos atrás. O pós-guerra deixou para a humanidade resquícios de sentimentos e necessidades, e muito material para reflexão. Questionamentos sobre visão da própria vida, hábitos e costumes, além do papel da mulher e do espaço ocupado por ela na sociedade. Aquelas mulheres que já passaram dos 50 anos tem acompanhado mais de perto essas mudanças.

As possibilidades de desenvolvimento dos diversos papéis femininos foram colocadas à nossa disposição bem como as suas conseqüências, positivas e negativas. Os movimentos feministas balançaram as estruturas masculinas fazendo com que alguns valores fossem alterados.

Para a mulher cristã que mantém um bom relacionamento com Deus e é dirigida pelo Espírito Santo, esses são fatos que não a abalam. Ela é capaz de identificar o projeto que Deus tem para a sua vida, viver todos os papéis que lhe foram atribuídos e também escolhidos por ela de tal forma que o nome do Senhor seja glorificado. Para elas, boa reputação é uma conseqüência tranqüila e aparente do que ela é capaz de alcançar com o seu potencial e a graça de Jesus.

Reputação é o conceito que se tem de alguém; fama, renome; opinião que se forma sobre alguém. Na abordagem desse tema, surgem algumas indagações: a nossa reputação é construída? O que as pessoas dizem sobre mim quando estou longe delas? Que diferença faz para Cristo o comportamento da mulher? Cristo faz diferença no controle da personalidade feminina? Minhas atitudes refletem bom exemplo para a salvação de outras pessoas? Minha vida é testemunho para glorificar o nome do Senhor? Sou motivo de vergonha ou escândalo? Não preciso me preocupar com o que dizem a meu respeito, ninguém tem nada a ver com a minha vida? Nossas atitudes devem ser coerentes com a nossa fé? Sempre? Em qualquer lugar? Ou é válida "dupla identidade", ou seja: na igreja demonstro um comportamento e fora dela outro?

Para responder a essas perguntas, precisamos voltar à história da Criação e refletir sobre a natureza humana. Fomos criadas à imagem e semelhança de Deus, "espírito, alma e corpo" (Gn 1.26). Semelhança moral com Deus, que é justo e santo (Ef 4.24) com o coração capaz de amar e determinado a fazer o que é bom. Semelhante à inteligência de Deus.

No Jardim do Éden, quando Adão e Eva pecaram, perderam parcialmente a imagem do Criador (Gn 6.5). Então, eles ficaram propensos ao pecado, transmitindo também essa propensão aos seus descendentes (Gn 4; Rm 5.12). Restou, contudo, uma porção da semelhança divina: inteligência e capacidade de comunicação e comunhão com Ele (Gn 3.8-19; At 17.27,28).

Quanto à mulher, após a Criação, estava pronta para desempenhar os diferentes papéis e responsabilidades que lhe foram atribuídas. Deus instituiu a sua vontade imperativa, resumindo, assim, a Lei que nortearia toda a atuação humana. "Amarás, pois, ao Senhor, teu Deus, de todo o teu coração, e de toda a tua alma, e de todo o teu entendimento, e de todas as tuas forças (...) Amarás o teu próximo como a ti mesmo" (Mc 12.30,31).

Após a queda do homem, Deus demonstrou prova desse amor divino, enviando Jesus Cristo, seu filho, para nos resgatar. "Porque Deus amou o mundo de tal maneira que deu o seu Filho unigênito, para que todo aquele que nele crê, não pereça, mas tenha a vida eterna" (Jo 3.16).

Assim, a mulher cristã pode desenvolver a sua estrutura sobre os fundamentos de Jesus, pode ter a mente de Cristo, pensar como Ele, agir sob a orientação dEle e permitir que Ele seja o diretor da sua vida. Os efeitos dessa entrega sincera geram um comportamento organizado conforme os padrões divinos e todos os papéis que desempenhamos na vida estarão coerentes com o nosso perfil de filhas de Deus muito amadas. Assim, com certeza, serão "luz" e "sal" neste mundo corrompido. Conseqüentemente, será percebida de forma agradável por está ligada à personalidade de Cristo.

Joana é uma prova do que Jesus Cristo faz quando nos entregamos a Ele com a disposição de uma vida plena. Ela nasceu num lar com orientação religiosa. Conhecia e respeitava Jesus como um "ser superior", longe do seu alcance pessoal. Sentia satisfação em aprender rituais que pudessem amenizar suas ansiedades. Inteligente e ativa, era amorosa e, ao mesmo tempo, impulsiva e intempestiva. Esse seu jeito de ser trazia muitos aborrecimentos e frustrações, principalmente nos relacionamentos familiares. A reputação, no consenso geral, era de uma pessoa rancorosa e pouco polida. Vivia mal humorada e esperando sempre o pior diante de qualquer problema. Na verdade, estava sempre na defensiva. Buscava perfeição em tudo o que fazia e, da mesma maneira, exigia das pessoas que liderava em seu trabalho.

Um dia Joana foi convidada para participar de um culto evangélico. Achou incrível a possibilidade de poder contar com a presença de Jesus bem próximo, como amigo, Salvador e apoio para as suas necessidades. Aceitou a Jesus naquela noite e passou a aprender mais por meio da leitura da Bíblia e da oração. Não demorou para que os velhos estigmas fossem desaparecendo e dando lugar a uma mulher diferente: alegre, prestativa, com autocontrole e a docilidade do amor de Deus refletida em seu comportamento. A idéia que as outras pessoas tinham a seu respeito foi mudando. Hoje, Joana é mais feliz, possui boa reputação e pode, através da sua experiência pessoal, testemunhar do poder transformador de Jesus.

Não é possível que, numa vida de comunhão com Deus, tenhamos reputação duvidosa ou comprometida. O compromisso com Deus nos leva a encarar com responsabilidade nossas atitudes, sem hipocrisias, sem falso moralismo, com aparência externa de "santas", mas guardando no seu interior um padrão de cristianismo de fachada, dissimulado, egoísta, sem a consistência das características do amor genuíno de Deus que nos faz, naturalmente, refletir o resultado da nossa salvação por meio de gestos amorosos e ternos. Comportamento que refletirá no dia-a-dia familiar, no trabalho, na igreja ou onde quer que estejamos, como boas árvores produzindo frutos de bênçãos para a nossa própria existência e compartilhando, também, com os nossos semelhantes. "Pois será como árvore plantada junto a ribeiros de águas, a qual dá o seu fruto na estação própria, e cujas folhas não caem, e tudo quanto fizer prosperará" (Sl 1.3).

Deve prevalecer a harmonia entre o interior e o exterior. Uma personalidade feminina rica em características direcionadas para o bem, controladas pelo Espírito Santo e com discernimento para interpretar situações conforme a ótica do amor resulta em comportamentos e performance exterior de verdadeiras filhas de Deus, equilibradas na sua dinâmica pessoal. "Assim resplandeça a vossa luz diante dos homens, para que vejam as vossas boas obras e glorifiquem o vosso pai, que está nos céus" (Mt 5.16).

O amor divino é diferente do amor humano (1 Co 2.14). Não é uma extensão deste; não é um amor humano melhorado; não é diferente em grau. É tipicamente diferente porque é divino e traz consigo características da personalidade de Deus, descrito na Bíblia Sagrada em 1 Coríntios 13.1-8. Temos, nesta forma de amar, a chave para a boa reputação. Se nos colocarmos sob a direção do Espírito Santo, Ele controlará todo o nosso ser, em qualquer circunstância. "Mais digno de ser escolhido é o bom nome do que as muitas riquezas" (Pv 22.1).

Capítulo 12

Feia ou Bonita?

"A aparência bela de uma pessoa pode servir de tentação para outra que esteja vivendo sob o controle da natureza humana. Os seus sentidos estarão a serviço da carne, voltados para a busca do prazer".

Nosso conceito de feio e bonito possui raízes na mais tenra idade. Nos primeiros meses de vida, os pais e familiares acompanham o despertar da criança para o mundo e passam a influenciar no processo de formação de seu quadro de valores, ensinando o que é certo, errado, feio e bonito.

Desenvolvemos o conceito de beleza a partir do que é valorizado como belo pelas pessoas que nos são significativas. De forma geral, todos procuram ser caprichosos, mantendo a boa aparência e o ambiente bonito. A natureza é o mais encantador exemplo de beleza. Plantas, flores e animais com detalhes e cores que nenhum artista conseguiria retratar fielmente nos levam a reconhecer o poder e a sensibilidade divina.

Na criação, o ser humano foi alvo da atenção especial de Deus. "E criou Deus o homem à sua imagem; à imagem de Deus o criou; macho e fêmea os criou" (Gn.1.27). Somos semelhantes a Ele, mas temos características de personalidade que nos fazem únicos em relação às outras pessoas. Possuímos potencialidades e dons, que devem ser bem desenvolvidos e trabalhados a fim de o Senhor seja glorificado em nós. "Mas, como é santo aquele que vos chamou, sede vós também santos em toda a vossa maneira de viver" (1 Pe 1.15).

Caracterizar a beleza humana, embora pareça fácil, torna-se difícil. A beleza interior reflete a alma; logo é eterna. A beleza física é passageira e traz frustrações às pessoas que nela se apóiam. Os meios de comunicação nos induzem a valorizar a beleza física. Mas, quando percebemos os ingredientes de caráter, nosso conceito de beleza fica mais próximo da realidade. O cristão deve refletir a personalidade de Cristo.

O Fruto do Espírito (Gl 5.22) embeleza nossa expressão facial, gestos e atitudes, tornando nosso comportamento saudável e bonito. Porém, assim como podemos produzir frutos bons, podemos produzir frutos maus, que comprometem qualquer conceito de beleza. São as obras de carne (Gl 5.19-21). Somos conhecidos por meio dos frutos que produzimos (Mt 7.16).

Absalão, o terceiro filho de Davi, foi celebrado por sua beleza física. Era o homem mais belo de Israel no seu tempo (2 Sm 14.25). Vaidoso e impulsivo, almejava o poder e planejava apoderar-se do trono. Em uma das batalhas, o seu exército foi vencido. Acabe, o sétimo rei de Israel, foi o que mais irritou ao Senhor (1 Rs 16.33). Ele se vendeu para fazer o que era mau porque Jezabel, sua mulher, o instigava. Jezabel era bela, inteligente, maligna e vingativa. A rainha Vasti, outra mulher formosa, recusou-se ao chamado do marido, o rei Assuero, para comparecer a uma festa onde deveria aparecer com a coroa real para que a sua beleza e majestade fossem reconhecidas. Tornou-se antipática e desobediente, e o rei a destronou (Et 1.10-22). A sua sucessora, Ester, era judia, bela, sábia e corajosa (Et 2.16-17). Sua beleza plena e seus valores internos refletiam belos traços de uma mulher temente a Deus. Foi amada e respeitada pelo marido e querida por seu povo.

A aparência bela de uma pessoa pode servir de tentação para outra que esteja vivendo sob o controle da natureza humana. Os seus sentidos estarão a serviço da carne, voltados para a busca do prazer. Em certa ocasião, Davi ficou ocioso no palácio enquanto todos iam à frente das batalhas. Nessa condição, encantou-se pela beleza de Bate-Seba, mulher de Urias, e cobiçou-a relacionando-se com ela (2 Sm 11.2-4). Davi se arrependeu e foi perdoado, mas as marcas do seu comportamento ficaram. Por outro lado, encontramos Daniel, de linhagem nobre, belo por dentro e por fora. Possuía integridade de caráter, dons proféticos e era fiel a Deus (Dn 1.3-17).

Não devemos perder de vista o nosso padrão de beleza, que inclui cuidados pessoais, auto-estima e preservação da saúde. "Ou não sabeis que o nosso corpo é o templo do Espírito Santo, que habita em vós, proveniente de Deus, e que não sois de vós mesmos?", 1Co 6.19.

Sobretudo, devemos aprimorar valores internos e crescer espiritualmente, permitindo que o Espírito nos dirija e controle nosso viver. "Porque fostes comprados por bom preço; glorificai, pois, a Deus no vosso corpo e no vosso espírito, os quais pertencem a Deus" (1 Co 6.20).

Capítulo 13

A Plenitude da Beleza

"Nossa beleza exterior é produto do equilíbrio interior. Sentir-se plenamente bela é aceitar a própria natureza".

Por definição, beleza é o atributo ou qualidade que agrada aos sentidos e que cativa o espírito. Basta abrir os olhos para observar tudo o que Deus criou e, então, perceber como o Pai foi caprichoso em cada detalhe da sua criação. Flores, pássaros, peixes, animais domésticos e selvagens, enfim, inúmeras espécies e cores diferentes são paisagens vivas, harmoniosas, agradáveis à vista e motivo de louvor pela grandiosidade do bom gosto e sabedoria do Criador.

Ao criar o ser humano, houve um toque especial. Foi o ponto alto da criação, pois Deus fez o homem conforme a sua própria semelhança. Fomos criadas espírito, alma e corpo e devemos espelhar a beleza do Criador. "Mas o homem encoberto no coração, no incorruptível trajo de um espírito manso e quieto, que é precioso diante de Deus" (1 Pe 3.4).

A beleza plena no homem e na mulher é qualidade desenvolvida e cultivada a partir de uma estrutura básica, refletida na personalidade de cada um. Especialmente para nós, mulheres, a beleza parece ser fundamental. Contudo, ela não deve ser classificada somente pela aparência exterior. Desde os tempos remotos, a beleza feminina inspira poetas, artistas, escritores e românticos. A beleza da mulher é cantada em verso e prosa. É tema explorado para vender qualquer produto e até classificada em concursos, partindo de critérios e padrões preestabelecidos.

Beleza plena, porém, significa muito mais. O nosso conceito de beleza é definido pelos padrões contidos na Palavra de Deus. A Bíblia nos fala a respeito da beleza espiritual. Ela é de grande valor para o Senhor. É conquistada a partir da comunhão que temos com Ele. Implica mantermos a presença do Pai dirigindo nosso ser de tal forma que conceitos, valores, princípios, padrões de comportamento, hábitos e prioridades sejam influenciados e reestruturados por Ele. Em Provérbios 31.30, temos a certeza de que "Enganosa é a graça, e vaidade, a formosura, mas a mulher que teme ao Senhor, essa será louvada".

Assim, se permitirmos que Jesus atue como Senhor do nosso ser, Ele "arrumará a casa", reorganizando de dentro para fora todas as áreas de nossa vida. Em seguida, os frutos do Espírito irão aparecer como "beleza interior", ingredientes importantes para beleza plena. "Mas o fruto do Espírito é: caridade, gozo, paz, longanimidade, benignidade, bondade, fé, mansidão, temperança. Contra essas coisas não há lei" (Gl 5.22,23).

A beleza exterior é produto do equilíbrio e organização interior. A beleza interna será elemento importante para a harmonia das expressões verbais e gestuais. "Porque fostes comprados por bom preço; glorificai, pois, a Deus no vosso corpo" (1 Co 6.20a).

Belas interiormente, e já refletindo externamente esse atributo, não seria coerente ter uma aparência descuidada. Nosso corpo merece cuidados especiais de saúde, higiene pessoal, peso, vestimenta e adorno. É importante a preocupação com a aparência. Nossa vida deve glorificar a Deus. A maneira de ser e agir expressa que pertencemos ao Senhor.

Mente e corpo saudáveis são pré-requisitos para a beleza plena. Devemos preservar a saúde com cuidados especiais. "Ou não sabeis que o nosso corpo é o templo do Espírito Santo, que habita em vós, proveniente de Deus, e que não sois de vós mesmos?" (1 Co 6.19).

Uma aparência saudável depende de uma alimentação equilibrada, com todos os elementos que o organismo necessita, evitando os excessos. Conhecer o valor nutritivo dos alimentos e desenvolver o autocontrole durante as refeições resulta em maior disposição, além de manter a boa saúde e a forma física. A obesidade é prejudicial à saúde e à estética. Quanto aos cuidados com a higiene pessoal, não preciso comentar o quanto é significativo. Uma mulher descuidada nessa área com certeza terá problemas.

Fechando as nossas considerações, chegamos à vestimenta e complementos que compõem a nossa apresentação pessoal. Estar bem arrumada, com uma boa aparência significa ponderar bom gosto, condição financeira, bom senso e discrição. Tudo isso sem perder de vista a posição de filha de Deus muito amada. A propaganda e o consumismo no mundo da moda tendem a nos influenciar na compra de roupas e enfeites com os quais não vamos nos sentir à vontade nem glorificaremos a Deus com a nossa aparência. Todas as escolhas que fazemos devem refletir a personalidade cristã, sem distorções de falsa modéstia.

Sentir-se plenamente bela é aceitar a própria natureza: espírito, alma e corpo. É saber que podemos desenvolver e aprimorar qualidades; é possuir auto-estima, não para vangloria, mas para glorificar a Deus, sábio artífice que espera que suas filhas sejam prudentes em toda maneira de viver.

Capítulo 14

Inevitáveis Diferenças

"Para conseguirmos equilíbrio nos relacionamentos familiares, precisamos resgatar o respeito entre todos os membros que compõem o lar".

Vivemos a maior parte do tempo interagindo com pessoas. Em casa, a convivência com a família nos permite um envolvimento maior pela proximidade, pelos vínculos afetivos estabelecidos entre cada um, tais como pais e filhos, esposo e esposa, e entre irmãos. Fora do lar, nas relações com parentes, amigos, irmãos da igreja, companheiros de trabalho e algumas pessoas que eventualmente encontramos, agimos e reagimos em função da nossa percepção e dos objetivos que pretendemos alcançar.

Não podemos negar as influências das diferenças individuais nos relacionamentos. Elas existem, fazem parte da nossa singularidade e nos torna pessoas distintas. Embora tenhamos capacidade comum para sentir, pensar, falar, imaginar e lembrar, possuímos características que diferem quanto ao tipo, intensidade e grau de expressão.

Quanto à hereditariedade, segundo estimativas do biólogo Dobzhansky, o número de combinações possíveis de gene humano é muito maior do que o número de átomos em todo o universo. Portanto, todo ser humano é portador de um genótipo singular – exceto os gêmeos univitelinos que têm origem de uma mesma célula-ovo.

Possuímos uma individualidade bioquímica, pois as glândulas de secreção interna têm grande influência no temperamento, na seqüência de crescimento e na motivação de cada ser humano. O meio ambiente e as experiências que vivenciamos, desde o nascimento, desenvolvem nossa estrutura, bem como a vida espiritual e a maneira como interpretamos a realidade. Enfim, a personalidade é uma obra de arte, na qual as diferenças individuais são caprichosamente delineadas para nosso próprio enriquecimento como pessoa.

Todos esses elementos contribuem para que sejamos diferentes uns dos outros. Porém, existe a necessidade individual de relacionamentos saudáveis e construtivos, que tragam harmonia, gerando paz no ambiente e contribuindo para a realização pessoal. Quanto maior o grau de envolvimento e exposição a situações de interação, maior a possibilidade de conflitos.

Um lar cristão cuja família é constituída por pai, mãe, dois filhos adolescentes, uma menina com 5 anos de idade e a avó materna, que dorme no quarto com a netinha caçula. É uma família que poderíamos considerar bonita e aparentemente equilibrada. Freqüentam todos os cultos e cada um desenvolve uma atividade na igreja.

Em casa, no entanto, não há bom entendimento nos relacionamentos. Os conflitos existentes tornam o ambiente quase sempre desagradável e, às vezes, até insuportável. A incompatibilidade de temperamentos é evidente. Cada um defende o seu ponto de vista e julga estar com a razão, sem flexibilidade para ouvir e ponderar a opinião do outro.

O casal discorda quanto às atitudes que devem tomar frente aos comportamentos inadequados dos filhos. As crianças, por outro lado, percebem as incoerências e inseguranças dos pais e desafiam-nos o tempo todo, cansando-os com justificativas e chantagens. Quase sempre os filhos conseguem fazer o que bem entendem, mesmo contra a orientação recebida dos pais. Por conseqüência, aumenta o conflito entre o casal, que encontra motivos para culpar um ao outro pelo fracasso nos resultados que ambos gostariam de obter.

Os efeitos negativos desta realidade familiar tendem a afetar outras áreas da vida que ainda estão preservadas. É necessário haver entre o casal um esforço dirigido que busque a restauração da boa comunicação no lar (1 Pe 3.11). A falta de entendimento entre o marido e a mulher acaba impedindo que nossas orações sejam ouvidas pelo Senhor (1 Pe 3.7), além de transmitir para nossos filhos um modelo comprometido de dinâmica familiar (Ez 16.44b).

Para nosso próprio crescimento, bem-estar e harmonia, é importante observarmos possibilidades saudáveis de lidar com as diferenças individuais. Em primeiro lugar, devemos admitir que elas e entender podem enriquecer e complementar os aspectos mais fracos ou vulneráveis do outro.

Devemos respeitar cada pessoa como ser humano que é. Dessa forma, estaremos no ponto de partida para melhorar o convívio diário com o próximo (Rm 15.5). Para conseguirmos equilíbrio nos relacionamentos familiares, não precisamos concordar com os comportamentos desajustados de cada pessoa, mas resgatar o auto-respeito bem como o respeito entre os membros que compõem o lar. A partir do momento que marido e esposa se entendem e concordam na forma de lidar com os filhos, estes passam a sentir firmeza nas atitudes dos pais e começam a refletir comportamentos mais adequados. "Ora, o fruto da justiça semeia-se na paz, para os que exercitam a paz" (Tg 3.18).

Capítulo 15

Mulher, Mãe e Profissional

"Entender e suprir as necessidades do filho é árdua tarefa que o papel de mãe exige".

No projeto divino da criação, recebemos de Deus atenção e atribuições especiais (Gn 1.26-27). Ele nos dotou de capacidades gerais e específicas para o desempenho de inúmeras tarefas. Somos esposas, mães, administradoras do lar, profissionais, servas do Senhor, etc. Funções que exigem boa dose de coragem, motivação, perseverança, confiança em Deus, amor e, sobretudo, sabedoria.

Como mãe, a mulher tem a sua rotina enriquecida com novas emoções e muito trabalho. Entender e suprir as necessidades do filho é uma árdua tarefa a ser desempenhada pela mãe. Ela tem de transmitir ao pequeno amor, carinho e segurança. Além de acompanhar seu desenvolvimento com ensino, disciplina, coerência e diálogo.

Muitas mulheres também desempenham atividades profissionais fora do lar. Fator que exige tempo e dedicação, num desdobramento de funções, às vezes, desgastantes, que podem criar sentimentos de culpa. Como harmonizar para que o desempenho de um não prejudique o outro? Como administrar prioridades para que o resultado final seja positivo?

As capacidades femininas, orientadas por Deus, superam obstáculos. Exemplificamos através do caso de uma família na qual marido e mulher trabalham juntos. Estavam casados há cinco anos quando nasceu a única filha do casal.

A mãe sentiu dificuldades no desempenho das tarefas maternais. Ela era racional, objetiva e prática no seu trabalho, mas achava difícil conviver com as reações inesperadas da filha até encontrar a melhor maneira de satisfazê-la. Depois de cuidar do bebê e amamentá-lo em casa, retornou ao trabalho com a filha. Quando a menina completou um ano de idade, a mãe escolheu uma escola maternal criteriosamente. Da mesma maneira, selecionou uma babá para cuidar da criança. Nesse período, imaginava que, por ter escolhido a melhor escola e a mais competente babá, a menina não sentiria sua falta. Chegava em casa à noite, após todo o dia de trabalho, e a filha estava quase sempre dormindo. O contato com a mãe era raro. Em pouco tempo, a falta da presença materna e o conseqüente enfraquecimento do vínculo afetivo com a mãe começaram aparecer no comportamento da criança, que se tornou insegura, birrenta e revoltada.

Alertada para a importância de um tempo exclusivo para a criança, a mãe estabeleceu prioridades e passou a administrar seu tempo de maneira que conseguisse suprir as necessidades de carinho e disciplina, importantes para o desenvolvimento saudável da filha. Observamos a preocupação dela em acertar, reconhecendo a importância de um tempo de qualidade para a filha.

Em provérbios 31.10-31, temos o perfil da mulher virtuosa. Ela é ativa, amorosa, atenciosa às necessidades da família, trabalha, compra, vende, etc. Podemos ser vitoriosas e desempenhar atribuições harmoniosamente se observarmos alguns princípios:

- Identificar necessidades e estabelecer prioridades;
- Usar o tempo de maneira eficiente;
- Recorrer a Cristo como orientador e fonte de motivação;
- Cultivar bom senso e humildade;

- Ser flexível para aprender e mudar de atitude, se for necessário;
- Ter sensibilidade e fé no Senhor Jesus, de quem vem a nossa vitória.

Disse Jesus:"Sem mim, nada podereis fazer" (Jo 15.5b).

Capítulo 16

O Diálogo Faz a Diferença

"Não é aconselhável ameaçar os filhos com um castigo que não poderá ser cumprido. Isso faz com que você fique desacreditada e seus limites enfraquecidos".

Filhos saudáveis e inteligentes, crescendo como bons cristãos, prontos para enfrentar a vida como pessoas úteis e realizadas. Esse é o grande desejo de todas as mães cristãs. Do bom desejo à sua concretização há um longo caminho que vai do nascimento à idade adulta.

Educar é promover oportunidade de crescimento e formar um caráter integral, preparando a criança física, moral, intelectual e espiritualmente por meio da aprendizagem e treinamento.

Importante parte dessa tarefa cabe aos pais. Embora entenda a ativa participação do pai, quero me dirigir a você, mãe, que está mais ligada aos filhos pelos cuidados diários que a eles dedica e pelas situações inesperadas que com que ela sinta necessidade de se posicionar imediatamente, transmitindo-lhes ensino, mesmo que o pai esteja ausente.

Nossos filhos devem encontrar em casa espaço para expor suas dúvidas e angústias. É em casa que desenvolvemos um trabalho preventivo — o que é de grande importância para a formação de cada um. A semente de valores cristãos que plantamos e cultivamos em seus corações é a base sólida que garante ajustamento no comportamento adulto.

Mas não podemos descansar nesta batalha. Enquanto cuidamos de plantar a boa semente, a convivência externa também influencia nossos filhos com práticas que fogem totalmente ao perfil que almejamos para eles. O mundanismo pode alcançar a mente das crianças. Nós, mães, com amor e disciplina, alcançamos o coração deles. Deve fazer parte do nosso objetivo instruí-los a fim de que eles andem no caminho do Senhor, ajudando-os a identificar as influências malignas (Pv 22.6).

Ouço, quase todos os dias, mães trazendo seus problemas e buscando ajuda para solucioná-los. As queixas são as mais diversas. Algumas estão ligadas ao comportamento cristão esperado, e muitas vezes frustrado, como podemos observar nos exemplos a seguir:

- "Meu filho de 13 anos quer usar brincos e tatuagem. Não sei o que fazer além de reprimir a idéia";
- "Meu filho, com 9 anos, fala palavrões o tempo todo e está muito agressivo com os seus irmãos. O que faço?";
- "Minha filha, de 12 anos, era obediente e parecia feliz. Ultimamente está rebelde, desobediente e desafia nossa autoridade com comportamentos de revolta quando não permitimos que faça o que quer, como ir às baladas, usar *piercing*, roupas curtas e coladas ao corpo, maquiagem excessiva e complementos chamativos".

Nestes casos, o mais importante é manter o equilíbrio para conseguir um diálogo com o filho e evitar, de imediato, as proibições. Podemos levá-los a valorizar o que são e o que possuem fazendo-os perceber o que combina com o perfil do jovem cristão (Sl 119.63). Para isso, é essencial conversar, examinando alguns valores e fazendo com que os filhos ponderem atitudes e comportamentos. Ao mesmo tempo, eles serão levados a rever o próprio posicionamento frente ao mundo.

Para ajudá-los a fortalecer a fé em Cristo, tenham juntos um período de oração. Fora de casa, nossos filhos convivem com situações sociais nas quais, nem sempre, os valores cristãos são relevantes. Então surge neles o conflito, pois apresentam um comportamento diferenciado do grupo. Às vezes são questionados e discriminados por sua conduta. Daí a importância de uma preparação orientada, que leve a criança a desenvolver a auto-imagem positiva e o autoconceito de qualidade. Esses aspectos contribuem para a formação de um jovem seguro para assumir a postura de filho de Deus. Dessa forma, não sentirão a necessidade de contrariar seus valores para serem aceitos entre os amigos.

Com a intensidade da fé que alimentamos em nossos filhos, eles tornam-se capazes de fazer amigos e levar uma vida feliz e equilibrada. Eles terão destaque pelas qualidades que possuem e não por atitudes contrárias às próprias verdades.

Fatores individuais como idade, temperamento, maturidade e exemplos de vida com os quais convivem, além do preparo que recebem e da forma como seus erros e acertos são tratados, produzem diferentes reações neles. Criando mecanismos de defesa inadequados, eles podem demonstrar rebeldia, insubordinação aos pais, tristeza, recolhimento ou afastamento do convívio social.

Há situações em que dizer "não" aos filhos é saudável e faz parte da disciplina. Quando explicamos "porque não" damos a eles a chance de entender os motivos da negativa e as conseqüências que podem surgir se vierem a desobedecer. Os pais são as pessoas mais indicadas para disciplinar. O ideal é que tenham desenvolvido a confiança em seus filhos. O castigo é o preço pela desobediência das regras. Não é aconselhável intimidar os filhos com um castigo que não poderá ser cumprido. Isso faz com que você fique desacreditada e seus limites enfraquecidos.

Resta-nos lembrar a importância de intercedermos por nossos filhos. Jesus deixou o exemplo quando orou pelos discípulos: "Não peço que os tire do mundo, mas que os livre do mal. Não são do mundo, como eu do mundo não sou. Santifica-os na verdade; a tua palavra é a verdade" (Jo 17.15-17).

Capítulo 17

Convivendo com a Menopausa

"Durante a menopausa,
é possível estar física, emocional
e espiritualmente bem.
Faça da maturidade
uma aliada e não uma inimiga".

A vida é marcada por fases de desenvolvimento bem definidas e significativas. Nossa história começa na concepção. A partir daí, não paramos mais de vivenciar experiências. As primeiras servirão de degrau para as seguintes. É o nosso processo de desenvolvimento que depende da combinação de elementos que trazemos dentro de nós e outros que o ambiente nos proporciona e que influenciarão cada etapa desse processo – do nascimento à maturidade.

Como determinantes internos importantes, citaríamos a hereditariedade, ou seja, a herança individual que cada um de nós recebe dos pais ao ser concebido; a carga genética, que será responsável por características físicas, de temperamento, etc. A maturação é outro determinante interno que consiste no processo da mudança do organismo de dentro para fora. É o relógio biológico de cada uma de nós.

Os determinantes externos são representados pelo ambiente social em que vivemos, alimentação e outros. A atmosfera em que fomos criadas e os ambientes mais ou menos poluídos podem interferir diretamente na saúde e desempenho em todas as áreas da vida.

Para falar da menopausa, vamos parar um pouco na etapa da adolescência a fim de lembrar aspectos importantes, que nos ajudarão na compreensão.

A adolescência vem do verbo latino *adolescere*, que significa crescer até a maturidade. É caracterizada por fases e cada uma delas é marcada por certas alterações do organismo e mudanças na personalidade em geral. É um tempo de reestruturação dos interesses, desejos, necessidades, hábitos, etc.

A puberdade é o período da adolescência em que ocorre o amadurecimento das glândulas reprodutoras, resultando na diferenciação sexual secundária dos meninos e meninas. A menina tem a primeira menstruação (menarca) demonstrando que o organismo está se organizando para a função de reproduzir. Essa fase pode trazer alguns conflitos emocionais devido às grandes transformações vivenciadas. É a passagem de um jeito de ser, agir, amar como criança, para tornar-se mulher, com corpo e dinâmica de adulto, em busca de equilíbrio para harmonizar e conservar a criança que está dentro de cada uma de nós.

A nossa fé em Jesus, o vigor da juventude, a motivação, o apoio e a ajuda que recebemos da família levam a estabelecer normas de vida, proporcionando o fortalecimento espiritual e uma dinâmica adulta de funcionamento.

O tempo não pára, e continuamos num processo de desenvolvimento que vai, agora, do adulto-jovem até a maturidade, na qual, novamente, enfrentaremos uma fase importante, que é a menopausa. Literalmente uma "pausa" no ciclo menstrual, geralmente entre 45 cinco e 50 anos.

Assim como o organismo teve um tempo de preparação para a sexualidade adulta, propiciando a capacidade para engravidar e ter filhos, os ovários – que são as glândulas reprodutoras femininas – passam a não mais produzir óvulos, e a menstruação cessa.

As alterações verificadas durante o período de transição da fertilidade para a menopausa, em parte hormonais e psicológicas, trazem, quase sempre, súbitas sensações de calor que podem ser controladas por meio de complementos hormonais. Um médico ginecologista deve acompanhar esse período. É importante para a prevenção e tratamento de certas doenças que podem surgir nessa época ou futuramente. Uma vez restabelecido o equilíbrio hormonal, não há mais motivos para se preocupar com a saúde.

Porém, com a chegada da menopausa, podem surgir alguns conflitos internos. As reações dependerão exclusivamente de sua própria visão do problema e da forma como se adquiriu informações e conceitos a respeito.

Há mulheres que atravessam esse período sem grandes problemas. Outras apresentam diversos sintomas. E, mesmo após o controle médico, ainda continuam alteradas, muito irritadas, mal-humoradas, às vezes deprimidas, transformando essa fase numa experiência muito dolorosa para elas e, conseqüentemente, para os membros da família.

Num trabalho de pesquisa realizado há alguns anos, pudemos identificar inúmeros problemas emocionais sofridos por mulheres no período da menopausa. Além das causas descritas, algumas guardam uma expectativa negativa, carregada de influências e informações, às vezes distorcidas, o que as predispõe a uma época horrível da vida. No entanto, nessa fase, é possível estar física, emocional e espiritualmente bem, com a mente ocupada com bons propósitos, atuando com motivação e alegria. Faça da maturidade uma aliada e não uma inimiga. 'Tudo quanto te vier à mão para fazer, faze-o conforme as tuas forças" (Ec 9.10).

A vida é um dom de Deus e o corpo, templo do Espírito Santo. "Ou não sabeis que o vosso corpo é o templo do Espírito Santo que habita em vós, proveniente de Deus e que não sois de vós mesmos?", 1Co 6.19. Em qualquer fase da vida, e na posição de mulheres cristãs, não podemos parar no caminho com sentimento de autopiedade, mas seguir em frente como filhas de Deus, cumpridoras da sua vontade. "Pois será como a árvore plantada junto a ribeiros de águas, a qual dá o seu fruto na estação própria, e cujas folhas não caem, e tudo quanto fizer prosperará" (Sl 1.3).

Essas promessas são fiéis e verdadeiras. Darão, com certeza, tranqüilidade e segurança para um viver calmo e útil, no qual não há espaço para más influências, autopiedade e medo.

Capítulo 18

Bem-Vinda à Maturidade

"Quando cultivamos a fé
e possuímos vida espiritual ativa,
a idade não faz diferença".

Qual a fórmula para a eterna juventude? Essa é uma das constantes buscas do ser humano. No entanto, até o momento, só é possível adiar o processo de envelhecimento, mas não detê-lo. A ciência tem conseguido compreender essa fase da vida, protelando alguns sintomas associados ao avanço dos anos. E preparar o caminho para a velhice é um exercício que tem início ainda na juventude.

Apesar das minhas convicções, sempre mantenho flexibilidade para ouvir e aprender sem me considerar absolutamente sábia. Com isso, garanto a possibilidade de envelhecimento feliz, maleável e sensível a mim mesma e aos que me rodeiam. A maturidade pode ser uma fase produtiva, alegre e digna, mesmo levando em conta a saúde, às vezes abalada, e a diminuição do vigor físico.

Não podemos perder de vista nossa capacidade de adaptação e flexibilidade para viver mudanças que o decorrer dos anos apresenta. Podemos construir bases fortes para manter atitudes prudentes, corajosas, ou simplesmente desenvolver uma dinâmica dependente, nas quais as ameaças de todos os sentidos parecem não deixar de nos rondar. Cheguei a ouvir experiências que despertaram a minha atenção.

Uma senhora com 74 anos, viúva há quatro, mora sozinha numa pequena casa ao lado da residência do filho. Ela conserva entusiasmo e vitalidade para fazer suas coisas, ajudar o filho e a nora, e ainda participar das atividades da igreja. Sente-se realizada por ser útil e diz que não sobra tempo para reclamar das dores de osteoporose que há anos vem sentindo.

Outra senhora também contou sua história. Aos 68 anos, está impossibilitada de morar sozinha. Após a morte do seu esposo, não pôde continuar pagando o aluguel da casa onde morava e aceitou o convite da filha e do genro para morar com eles. Desde então, passou a conviver com a família. Era uma pessoa ativa, centralizadora, um pouco intransigente, e sempre teve a sua maneira de resolver os problemas.

Agora, sua vida mudou muito. Reclama de tudo o dia inteiro, interfere na vida da filha como se ela ainda fosse criança, faz observações sobre como as coisas poderiam melhorar se fossem feitas de outra forma – desde a educação dos netos até a dinâmica familiar. Assim, não só ela está infeliz, mas também a filha e o genro que fizeram um grande esforço para tê-la em casa. O ambiente familiar se tornou insuportável e todos estão frustrados e preocupados.

Ainda pude compartilhar dos sentimentos de uma senhora que vive só, cujos filhos possuem uma condição financeira admirável. Eles suprem todas as suas necessidades materiais da mãe, mas não se aproximam dela para dar amor e carinho. Tendo tudo, materialmente falando, falta-lhe o que afetivamente seus filhos poderiam oferecer. Essa carência é amenizada no convívio da igreja com outras mulheres que revezam atividades em um curso de artesanato e bazar beneficente. Assim, sente-se útil e amada.

Nos três casos citados, observamos posturas diferenciadas frente a um problema comum: mudanças da dinâmica pessoal por causa da maturidade. No primeiro e no último caso, encontramos as irmãs felizes, vivendo com otimismo, apesar das adversidades. Elas vivem de acordo com o que a Bíblia ensina em Tito 2.3-5, encontram satisfação, preenchendo seus dias com atividades produtivas e os cuidados pessoais.

O segundo caso envolve uma pessoa ativa e bem intencionada, porém falta-lhe flexibilidade e traquejo indispensáveis para a convivência num espaço que não é mais só seu. Nessas situações, a presença da mãe ou sogra, ou de um familiar idoso, requer boa dose de compreensão de todos.

Para evitar atritos, deixo à mulher madura, que opta ou é obrigada pelas circunstâncias a morar com os filhos, algumas regras básicas:

- Por mais que seus filhos afirmem que você está em sua própria casa, é prudente manter a discrição, aceitando o ritmo que a família mantém;
- Não interfira na privacidade deles;
- Não fique o tempo todo expressando suas opiniões, a não ser que lhe peçam;
- Cuide de sua higiene pessoal bem como da limpeza do seu quarto;
- Seja grata ao genro ou nora. O fato de morar com eles significa que um deles concordou com o outro nesse objetivo;
- Não interfira na educação das crianças. Cada um tem sua maneira de ensinar os filhos. Você pode sair em defesa dos netos e colocar em jogo a autoridade dos pais e o bom resultado desse importante momento na vida do casal;
- Quando eles saírem de férias, procure perceber se é importante acompanhá-los, caso seja convidada, ou se é melhor tranqüilizá-los para que não se preocupem em deixá-la. Você dará liberdade a eles e terá também um período só seu.

Jesus quer que tenhamos uma vida plena também na idade madura. "Eu vim para que tenham vida e a tenham em abundância" (Jo 10.10). Quando cultivamos a fé e possuímos vida espiritual ativa, a idade não faz diferença. Somos capazes de entender e aceitar cada etapa da nossa existência. Aprendemos a partilhar bênçãos e soluções de problemas com as mais jovens. Aquele que nos guardou na infância, adolescência e juventude, com certeza não nos deixará (Sl 92.14).

Capítulo 19

Velhas Aspirações

"A perseverança parece ser uma característica forte e presente nas mulheres"

Naturalmente, existe no interior de cada mulher o desejo de realizações. Muito cedo, iniciamos a construção de um projeto de vida, idealizado a partir das aptidões ou habilidades com as quais fomos dotados. Na infância, vivemos nas brincadeiras as nossas tendências, interesses e futuros papéis. Desenvolvemos identificação com pessoas queridas e as imitamos brincando de mãe e filha, professora, médica, secretária, etc. Recebemos o incentivo familiar quando a nossa atividade infantil é valorizada. Ao crescermos, procuramos, na medida do possível, concretizar nossos desejos.

Estabelecemos prioridades, seguindo o curso da vida, vivendo cada fase com as suas facilidades e tropeços, vantagens ou desvantagens. Temos encontrado muitas mulheres realizadas e felizes, e outras que guardaram em seu arquivo secreto muitas aspirações e desejos.

Nas últimas décadas, inúmeras mulheres retomaram antigos projetos. Voltaram aos bancos escolares para concretizar seus planos utilizando tempo e oportunidade com muita garra para chegar ao objetivo proposto. A perseverança parece ser uma característica forte e presente nas mulheres que se propõem a uma formação específica após a idade convencional.

As estatísticas mostram que cresce o número de mulheres na faixa etária dos 30 aos 50 anos nas faculdades brasileiras. Mulheres crentes têm incluído propósitos espirituais nos seus projetos, usando suas conquistas para glória de Deus.

Mesmo possuindo a realização plena como esposa e mãe, foram bem-sucedidas nessa retomada. Agora, por meio da sua formação, podem trabalhar e compartilhar uma atividade. Suas novas experiências são um canal de bênçãos na obra de Deus.

Conheço, muito bem, um exemplo do que estou dizendo. Maria, desde pequena, sentia satisfação em ajudar as pessoas. Queria ser professora. Crente, cresceu num lar cristão, aprendeu a amar a Deus e respeitar os valores dos seus ensinos. Estudou, mas não chegou a freqüentar um curso universitário. Ainda adolescente começou a trabalhar numa empresa e com as crianças da sua igreja, como professora da Escola Dominical. Aos 19 anos se casou; aos 21, já era mãe; e aos 27, estava com uma família organizada tendo três filhas. Durante esse tempo, ela se dedicou ao lar, dando prioridade aos cuidados com as filhas e ao trabalho na igreja. Guardava, entretanto, o desejo de voltar a estudar, pois queria ser psicóloga, principalmente para poder compreender melhor os problemas humanos.

Assim que a filha menor foi para a escola, Maria visualizou a possibilidade de concretizar seu projeto. Preparou-se, prestou vestibular e foi aprovada para cursar Psicologia, como desejava. Ajustou os horários das meninas com o seu curso universitário, sem quebrar a harmonia do lar. Hoje, ela é uma psicóloga cristã e atua com seus conhecimentos também na casa de Deus.

Se você, mulher cristã, possui um desejo de realização guardado e quer retomá-lo, pode contar com a ajuda de Deus para concretizá-lo. "Ele cumprirá o desejo dos que o temem; ouvirá o seu clamor e os salvará" (Sl 145.19).

Todavia, a motivação e a disposição para agir na retomada do seu sonho devem levar em conta que você é filha de Deus e, como tal, seus propósitos devem estar bem definidos, considerando os demais papéis ou encargos que você desempenha como esposa, mãe e serva de Deus. Leia Filipenses 4.13.

Capítulo 20

Convivendo com a Viuvez

"O tempo e o amor do Pai Celestial desfrutando em íntima comunhão com Ele curam as feridas abertas pela separação. Um coração aberto para o Senhor Jesus trabalhar possibilitará uma reestruturação saudável".

"Honra as viúvas que verdadeiramente são viúvas. Mas se alguma viúva tiver filhos, ou netos, aprendam primeiro a exercer piedade para com a sua própria família, e a recompensar seus pais; porque isto é bom e agradável diante de Deus", 1Tm 5.3,4. Esses versículos fazem parte de uma carta escrita pelo apóstolo Paulo, enquanto estava na Macedônia, e endereçada a Timóteo, que estava em Éfeso. Um dos objetivos da mensagem era exortar seu jovem auxiliar de ministério a prestar atenção à Igreja como um todo e aos problemas inerentes, em particular, no caso do nosso estudo, às viúvas.

Deus e o seu povo, em todo o tempo, isto é, Antigo e Novo Testamento, demonstram preocupação com a integridade física, moral e espiritual das viúvas. Elas estavam sob a proteção especial de Deus (Dt 10.18; Jo 24.3; Êx 22.22; 24; Sl 68.5). Ser viúva, verdadeiramente viúva, além de perder o seu marido por morte, significava possuir qualidades e comportamentos dignos que refletissem uma vida honesta, sóbria, justa, pura diante de Deus, dos homens, e útil à Igreja

(Lc 2.37; 1 Tm 5.5,10). Viúvas assim mereciam a consideração da Igreja e apoio financeiro, se fosse o caso (Dt 10.18).

No Antigo Testamento, encontramos inúmeras considerações a respeito das viúvas. Existiam leis referentes que orientavam parentes, igreja, sociedade e a conduta das viúvas. Elas não podiam ser oprimidas (Êx 22.22; Dt 27.19); quando sofriam penhora, suas roupas não podiam ser recebidas como pagamento de dívida pelos credores (Dt 24.27); quando eram viúvas sem filhos e filha de sacerdote, podiam participar das coisas santas; participavam do dízimo trienal que os israelitas destinavam aos necessitados (Dt 14.28, 26.12,13); quando não tinham filhos, podiam se casar com o parente próximo solteiro do seu marido – no caso, o irmão (Dt 25.5,6; Rt 3.10-13, 4.4-],5; Mt 22.24-26); podiam recolher o que era deixado nos campos e vinhas após a sega (Dt 24.19); às viúvas não era permitido que se casassem com sacerdotes (Lv 21.14); deviam cumprir os seus votos (Nm 30.9); cumpriam um tempo, vestindo-se de luto e chorando a morte dos seus maridos (Gn 38.14 e 2 Sm 14.2-5).

Jesus demonstrou muito amor e compaixão pelas viúvas. Compadeceu-se da viúva de Naim consolando-a ao dizer “não chores” e realizou um grande milagre, ressuscitando seu filho (Lc 7.11-15). Hoje, Ele ainda cuida das viúvas, consolando e suprindo as suas necessidades (Hb 13.8). Jesus censurou os escribas, que tiravam proveito das viúvas extorquindo dinheiro e propriedades, sob o pretexto de orações em favor delas, admitindo que eles sofrerão grave condenação (Mc 12.40; Mt 23.14).

Jesus valorizou a oferta da viúva pobre, reconhecendo o desprendimento do seu coração para servi-lo (Mc 12.44). A Igreja Primitiva também demonstrou preocupação e cuidados especiais com as viúvas. Nessa época, muitas tinham condições financeiras tão reduzidas que mal se sustentavam, e outras sequer possuíam condição para se manter. No entanto, os irmãos e a igreja exerciam a piedade atendendo às suas necessidades (At 6.1, 9.39; 1Tm 5.9; Tg 1.27). Um grande número delas se dedicava inteiramente à obra de Deus (Lc 2.37; Tm 5.10).

Enfrentar a condição de viúva, logo após a morte do marido, implica algumas mudanças. Cada casal possui a sua dinâmica de vida.

Dependendo da situação, a mulher sentirá maior ou menor dificuldade de adaptação e ajustamento à nova realidade.

Mesmo crente em Jesus, a mulher cristã, com certeza, sentirá a perda, precisará do apoio amoroso dos familiares e irmãos e buscará consolo na oração e na Palavra de Deus, que é rica em consolação (1 Ts 4.18).

Interpretando a morte como uma promoção a uma condição superior, a mulher que teve o seu esposo crente saberá entender a vontade de Deus e aceitará com a esperança de um reencontro na ressurreição para a vida Eterna (Fl 1.21; 1 Ts 4.13; Sl 116.15; Ap 14.13; 2 Co 5.1).

Um coração aberto para o Senhor Jesus trabalhar possibilitará uma reestruturação saudável (Ap 3.20). O tempo e o amor do Pai Celestial desfrutado em íntima comunhão com Ele curam as feridas abertas pela separação (Jo 14.18). Ele entende a nossa necessidade e nos orienta para um viver útil e abençoado (Sl 37.5; Jo 15.5,7; Sl 143.8).

A mulher viúva pode, se quiser, casar-se novamente (Rm 7.3). Muitas mulheres ficam viúvas ainda jovens e refazem suas vidas sob a orientação e bênçãos de Deus. Podem também dedicar sua vida inteiramente para o serviço de Deus, como fizeram tantas mulheres na antiguidade e na igreja atual (Lc 2.37; Mc 12.42,43; 1 Rs 17.9-15). Deus quer usá-las. A profetisa Ana, com quase 84 anos, não se afastava do templo, orando, jejuando e servindo a Deus (Lc 2.36).

Ocupar o tempo com bons propósitos faz com que a mulher viúva que possui experiências significativas para compartilhar seja uma benção para muitas vidas e receba também muitas bênçãos (Sl 92.14; Sl 103.5; Jr 17.8). É tempo de exercer, com excelência, influências saudáveis na vida dos familiares próximos com quem convive. Procurando ser discreta e não interferir na vida de filhos, genros, noras e netos, evitando, discórdias, mas se permitindo funcionar como instrumento de paz (Tt 2.3-5; Jo 14.27; Sl 119.165).

Estando ocupadas, os sentimentos de solidão ou a sensação de que está incompleta, sozinha contra a própria vontade, não terão espaço. Às vezes é difícil aceitar a vida conforme Deus nos proporciona se ela foge do que consideramos melhor para nós. Não devemos permitir que nossa alma seja abatida. Devemos confiar em Deus, sabendo que Ele faz o melhor por nós (Rm 8.28; Sl 43.5; Jo 8.29; Jr 49.11; Sl 146.9).

É dever dos cristãos socorrer as viúvas necessitadas (Is 1.17; 1 Tm 5.3,9); aliviá-las das suas aflições (At 9.39; Tg 1.27). Quando recebemos fartura e favores de Deus para uma vida próspera e confortável, não devemos esquecer-se das viúvas necessitadas, mas deixá-las participar do que Ele nos dá (Jo 29.13; Dt 14.29), compartilhando também do amor sem medida que Cristo nos deu (Jo 15.12).

Existe promessa de bênçãos para aqueles que assim procedem. Filhos que honram sua mãe viúva demonstrando gratidão e reconhecimento por ela agradam a Deus (1 Tm 5.4).

Capítulo 21

Solidão Nunca Mais

"Às vezes, é difícil aceitar a vida
que Deus proporciona se ela foge
do que consideramos ideal para nós.
Porém, o essencial é saber que
o Senhor é soberano e dEle vem
o que é melhor para nós".

A natureza humana é de tal forma constituída que a presença de outra pessoa é fundamental para vivenciarmos nossas experiências. Nascemos partilhando o espaço social com nossa família e iniciamos o processo de socialização que proporcionará oportunidades de aprendizagem e crescimento.

Durante o período de desenvolvimento, recebemos educação, criamos objetivos e expectativas para o futuro, tendo como referencial os papéis que iremos desenvolver em nossa vida adulta. Normalmente, estão incluídos nesses objetivos uma boa formação e a constituição de uma família, a partir do encontro de um "grande amor", com romantismo suficiente para a felicidade eterna. São projetos que nem sempre combinam com o plano maior que Deus tem para as nossas vidas. "O coração do homem considera o seu caminho, mas o Senhor lhe dirige os passos" (Pv 16.9). É importante que tenhamos confiança e coragem para entregar o nosso futuro àquele que é o Senhor da nossa vida.

Vivemos em um tempo de modernidade pagã, no qual os valores essenciais para relacionamentos duradouros estão em segundo plano. Homens e mulheres vivem relacionamentos descartáveis, visando ao prazer, egoísmo e dinheiro.

Assim, encontramos inúmeras mulheres infelizes, convivendo com a solidão. Além disso, outras contingências da vida podem levar uma mulher a estar só. Encontramos aquelas que não se casaram, outras que ficaram viúvas e, ainda, outras tantas com o coração machucado pela infidelidade do esposo, em condições de divorciada ou convivendo na mesma casa, em profunda solidão.

Muito já foi escrito sobre a solidão. Inúmeras são as causas que levam a esse sentimento. Segundo pesquisas, nas grandes cidades, há pessoas solitárias em todas as faixas etárias, inclusive na adolescência. Esse estado de espírito influencia as pessoas a um distanciamento cada vez maior dos seus semelhantes.

Solidão é a palavra que usamos para expressar um sentimento de dor, que tem origem em um espaço vazio, interior, que não foi preenchido, e que dá a sensação de que a pessoa está incompleta. Sentir solidão significa estar sozinha contra a própria vontade. É uma palavra de forte conotação negativa, capaz de provocar arrepios só de ser pronunciada.

Contudo, existe um "estar só" saudável. Em momentos importantes da vida, precisamos ficar a sós com Deus. Refletimos, ponderamos, decidimos, criamos. São momentos ricos e produtivos da nossa experiência. Alguns acontecimentos são tão pessoais que, por mais rodeados de pessoas que estejamos, o momento é só nosso: nosso nascimento, nossa decisão por Cristo e a nossa morte são alguns exemplos. Em contrapartida, temos necessidades de comunicação. Ansiosas por reconhecimento, aprimoramos as aptidões para um relacionamento mais eficiente com os outros.

Você que é só, e não tem com quem compartilhar seus sentimentos, pode perfeitamente se identificar com o Senhor Jesus Cristo. Ele entende você mais do que ninguém. Além dos momentos de estar só por opção para falar com o Pai, Ele experimentou também andar por caminhos muito solitários. Segundo a Bíblia Sagrada, eram estas as palavras de Jesus nestes momentos: "E aquele que me enviou está comigo; o Pai não tem me deixado só, porque eu faço sempre o que lhe agrada" (Jo 8.29).

Às vezes, é difícil aceitar a vida que Deus proporciona se ela foge do que consideramos ideal para nós. Com uma ótica espiritual, percebemos que o mais importante não é o que a vida tem a oferecer. O essencial é saber que o Senhor é soberano e dEle vem o que é melhor para nós.

Nossas atitudes devem refletir o testemunho de uma filha de Deus muito amada, que sabe entender o propósito que o Pai tem para a sua vida, vivendo a Palavra de Deus, que diz: "E sabemos que todas as coisas contribuem juntamente para o bem daqueles que amam a Deus" (Rm 8.28).

Faça uma reflexão e junte todos os ingredientes que compõem o seu existir: capacidades espirituais, intelectuais, físicas e emocionais. Acrescente as possibilidades e disponibilidade que a sua condição oferece e organize o seu tempo de tal maneira que consiga visualizar o sentido da vida. Interprete, segundo o propósito de Deus, objetivos positivos e desenvolva estratégias para conseguir alcançá-los, colocando todos seus talentos em ação. Você estará bem ocupada no presente, confiando que o Senhor providenciará seu futuro. Será uma bênção para muitas pessoas e receberá, de outras, enriquecimento para sua existência. A certeza de que nada nos acontece por acaso quando entregamos a direção da nossa vida a Deus traz paz interior, tranqüilidade suficiente para ser feliz, aproveitando tudo aquilo que o Pai nos tem oferecido para que a sua glória se manifeste em nossa vida.

A auto-estima e a valorização pessoal devem expressar o reconhecimento do amor de Deus para conosco: Ele nos fez e sustentou a nossa vida para que chegássemos até aqui. Além disso, cuida com muito carinho dos pequenos e grandes problemas, oferecendo-nos oportunidade de crescimento através deles. Assim, podemos perceber claramente o valor que temos para Deus. O sentimento de menos valia, auto-estima distorcida e autocomiseração não terão mais lugar em nossa vida.

Com Cristo no centro do nosso viver, estar só significa apenas uma das condições possíveis na vida cristã de uma mulher. O amor romântico poderá falhar como neutralizador da solidão, mas o calor do amor de Cristo, quando enche o coração de uma mulher, é capaz de derreter o "iceberg" formado pela solidão que congela tantos corações femininos.

O amor de Cristo é o melhor antídoto que conheço para a solidão. "O meu mandamento é este: Que vos ameis uns aos outros, assim como eu vos amei" (Jo 15.12).

Capítulo 22

Um Ano Muito Especial

"Encontre motivação e forças para enfrentar os desafios, recordando tudo o que Jesus fez em seu favor. Contar as bênçãos terá efeito terapêutico sobre você".

Quando um ano termina, também vão com ele muitas lembranças, realizações positivas, alegrias vivenciadas, tristezas comportatilhadas, mágoas recolhidas, frustrações por objetivos não alcançados ou perdas irrecuperáveis e, com certeza, uma quantidade enorme de outras possíveis recordações.

Podemos desejar que o novo ano comece cheio de boas oportunidades, trazendo novas esperanças. Ou podemos estar com saudades do ano que pode ter sido tão bom. Seja qual for o caso, o momento é para reflexão. Talvez não seja possível parar para balanço, mas é preciso encontrar tempo, um tempo só nosso, para fazer esse exercício. Refletir significa voltar-se para si mesmo e se permitir pensar, ponderar, meditar, considerar sobre a postura e desempenho frente às vivências do ano que terminou.

Em primeiro lugar, refletir para agradecer. Agradecer ao Criador pelo dom da vida. Pelas experiências que proporcionou, pelas oportunidades de crescimento que elas trouxeram, tenham sido agradáveis ou não, porque sempre podemos nos enriquecer espiritualmente por meio delas. "Em tudo dai graças" (1 Ts 5.18); "Sede agradecidos" (Cl 3:15).

É necessário ainda refletir para contar as bênçãos. Você é capaz de enumerar as dádivas que recebeu no decorrer do ano que terminou? Tenho certeza de que, por maior esforço que faça para lembrar, não poderá listar todas, pois, de muitas, sequer tomamos conhecimento. Foram providências que o Pai realizou em nosso favor, sem que houvéssemos pedido. É produto do seu cuidado para conosco.

Contudo, é muito terapêutico o efeito de contar as bênçãos. Lembrar dos benefícios recebidos, sentir a segurança de saber que temos um amigo especial, que está presente em todos os momentos da vida, sempre pronto para atuar em nosso favor, sejam quais forem as circunstâncias. Encontre motivação e forças para enfrentar os desafios deste novo ano, recordando tudo o que o Senhor Jesus Cristo fez por você. Será estimulante!

Você deve também refletir para consertar e reconciliar. Não estaria completo o nosso exercício, se não tivéssemos ainda a oportunidade de refletir para consertar. Sem dúvida, encontraremos algo que mereça ser resgatado. É comum observarmos, na passagem de ano, alguns preparativos especiais para as festas. Afinal, esta época inspira certos comportamentos: reformar, pintar, arrumar a casa com novas cortinas e enfeites, mandar os eletrodomésticos para o conserto, escolher roupas e acessórios, enfim, tudo é preparado para estar impecável.

Porém, nossos relacionamentos merecem uma atenção especial. Como está nossa vida com Deus? E com a família? E com os amigos e irmãos? Quantas situações nos machucam emocionalmente e nos levam a também machucarmos as pessoas a quem amamos... É momento para perdoar e pedir perdão. Por meio deste ato de vontade, podemos conseguir a reconciliação e o restabelecimento de relações. Conseguimos fazer as pazes, fazer voltar uma antiga amizade. É o conserto. É por em bom estado o que estava quebrado, ou seja, restaurar. Conseguimos a cura interior através do perdão, definido sob base divina. Resgatamos a paz e a tranqüilidade interna, essenciais para começarmos o ano com saldo positivo. "Antes, sede uns para com os outros benignos, misericordiosos, perdoando-vos uns aos outros, como também Deus vos perdoou em Cristo" (Ef 4.32).

Refletir para rever propósitos. Esperamos ansiosamente a vinda de Jesus. Precisamos estar preparados. Maranata! Enquanto aguardamos sua volta, convém que vivamos cada dia da melhor maneira possível, com alvos bem definidos.

Podemos viver este ano numa condição melhor. Se dependesse do desejo dos nossos queridos familiares, amigos e irmãos, com certeza, todos teríamos realmente um feliz e próspero Ano Novo. Porém, isso não é tudo. Depende também do nosso querer e da nossa disposição em dar o primeiro lugar para Deus, permitindo que Ele nos proporcione um ano muito significativo. Deus nos deu o livre-arbítrio, capacidade de raciocínio e condições para desenvolver projetos e estabelecer metas, tomar iniciativas e colocá-las em prática.

Vamos colocar o Senhor Jesus como diretor dos nossos bons propósitos, colocando-nos na posição de mordomos fiéis, mantendo uma estreita comunhão com Ele. Assim, refletiremos em nossa vida o brilho da Glória do Senhor, que iluminará nossos caminhos. Semearemos luz por onde passarmos e conquistaremos muitas vitórias! "Confia ao Senhor as tuas obras, e os teus pensamentos serão estabelecidos" (Pv 16.3).

Capítulo 23

Eficiência na Comunicação

"Nossos relacionamentos podem ser muito ricos se a nossa comunicação for adequada. Falar, simplesmente, não é garantia de boa comunicação".

Fomos agraciadas por Deus com a faculdade de proferir palavras. Essa capacidade depende de fatores que influenciam no tipo de linguagem. A saber, inteligência, saúde, cuidado e a boa constituição do aparelho fonador. Nós falamos! A língua, que é importante na gustação, deglutição e mastigação, possui ainda a nobre função de articular os sons. Na Bíblia, é citada como um "pequeno membro" e comparada ao fogo, capaz de destruir e difícil de ser refreada (Tg 3.5).

Por intermédio da linguagem, empregamos palavras, gestos e postura para comunicar pensamentos. Nossos relacionamentos podem ser muito ricos se a nossa comunicação for adequada. Falar, simplesmente, não é garantia de boa comunicação.

Quantas vezes ficamos contentes porque fizemos uma colocação acertada, com sabedoria, e, por meio de nossas atitudes, fomos ouvidas e valorizadas? Inúmeras situações nos colocam diante do desafio de saber falar, expressando opiniões e cumprindo tarefas. Podemos nos sair bem, criar vínculos e influências positivas, ou nos comunicar inadequadamente, possibilitando conflitos, antipatias e inimizades. Com palavras construímos ou destruímos. "A vossa palavra seja sempre agradável, temperada com sal, para que saibais como vos convém responder a cada um" (Cl 4.6).

Tenho encontrado algumas mulheres com sérios problemas familiares. Elas se sentem injustiçadas, mal amadas, incompreendidas e sequer recebem o devido respeito dos filhos. Uma delas chegou a ponto de não conseguir orar, achando que Deus estava tão longe quanto a sua família. Que tristeza não saber se comunicar com os seus familiares nem sequer com Deus.

Essas pessoas quase sempre são dinâmicas, desenvolvem diversas atividades, mas não dão a devida importância aos seus relacionamentos. Tratam a família de modo distante, conversam dentro do lar o estritamente necessário, e só percebem, às vezes tardiamente, que suas relações pessoais estão comprometidas por falta de diálogo.

Tive a oportunidade de orar com algumas mulheres que resolveram firmar um propósito, pedindo ao Senhor que resgatasse a sua capacidade de comunicação, a credibilidade entre os seus queridos, a cura para as feridas psicológicas e a união entre a família. Com a ajuda de Deus, boa vontade e consciência dos pontos que precisavam ser melhorados, elas conseguiram vitória, modificando o quadro anterior.

Será que tudo isso dependia só delas? Será que as outras pessoas não tiveram participação? "Toda mulher sábia edifica a sua casa, mas a tola derriba-a com as suas mãos" (Pv 14.1).

Com certeza, cada membro da família deve fazer a sua parte. Você não pode nem deve fazer o que é responsabilidade do outro. Seria alimentar um processo doente. Se corrigirmos a maneira de agir, temos a chance de melhorar a qualidade dos nossos relacionamentos. Da mesma forma, precisamos manter o equilíbrio da boa comunicação, falando com sabedoria. "Como maçãs de ouro em salvas de prata, assim é a palavra dita ao seu tempo" (Pv 25.11). A palavra dita na hora certa é suficiente para impedir uma queda, reparar uma falta e fazer renascer um amor que parecia esgotado.

Que atenção dispensamos à forma de nos comunicar? Como temos tratado nossos relacionamentos? Restabelecer o diálogo deve ser o ponto de partida para tornar as nossas relações satisfatórias. Evite a impulsividade, permita a si mesma um tempo para pensar antes de falar, aja amorosamente, saiba ouvir e tente compreender o outro. Esses são ingredientes indispensáveis para um diálogo produtivo.

Há diferença na maneira como nós, cristãs, nos comunicamos. Jesus deve estar em primeiro lugar em todos os nossos pensamentos. É lá que a comunicação começa. "Mas nós temos a mente de Cristo" (1 Co 2.16). O resultado é sempre uma expressão proveitosa, seja qual for o assunto tratado. Quando nossa mente trabalha sem Cristo, corremos o risco de transmitir palavras que ofendem, ou impróprias, ou precipitadas, ou retorcidas. Reclamamos, murmuramos e nos tornamos muito amargas. Às vezes, insuportáveis. Com Cristo ganhamos maturidade. Ele nos ajuda a perceber a importância do crescimento espiritual e emocional para relacionamentos sadios (1 Co 13.11).

Podemos contar com a ajuda do Senhor nas situações mais complicadas, quando não sabemos o que falar. Assim aconteceu com Moisés ao falar com Deus sobre a sua condição — inseguro, sem eloqüência, "pesado de boca". Teve como resposta do Pai: "Vai, pois, agora, e eu serei com a tua boca e te ensinarei o que hás de falar" (Êx 4.12).

Existe grande responsabilidade implícita no falar. Jesus deixou muito claro que, além de sofrermos as conseqüências das nossas palavras aqui, ainda iremos responder por elas no Dia do Juízo. "Porque por tuas palavras serás condenado" (Mt 12.37).

Capítulo 24

A Arte de Ser Mãe

"Por meio do amor fiel e cúmplice,
a mãe é capaz de ajudar o filho
a produzir raízes fortes e sadias".

De todas as capacidades da mulher, a de gerar filhos parece ser uma da mais significativas. Ser mãe é ter aptidão para criar e dispensar cuidados maternais que são muito importantes para a vida de uma criança. Na verdade, é um papel que se desempenha para o resto da vida. É preciosa a missão de exercer a maternidade, de acordo com o que ensina Provérbios 22.6: "Instrui o menino no caminho em que deve andar, e, até quando envelhecer, não se desviará dele". Por meio do amor incondicional e cúmplice, a mãe ainda é capaz de ajudar o filho a produzir raízes fortes e sadias, abrindo-lhe a possibilidade de um aprendizado que será base de uma vida plena.

A iminência da maternidade desperta na mulher os mais fortes sentimentos. Quando está grávida, ela é capaz de reconhecer o privilégio de dar à luz um filho, sentir satisfação, auto-realização e as responsabilidades inerentes à nova etapa da vida: ser mãe.

Desde os primeiros instantes de vida do filho, ela demonstra sua dedicação ao bebê em cada gesto. Enquanto ele ainda é pequeno, a mãe passa grande parte do tempo atendendo às necessidades dele. Consegue olhar para a sua prole e captar mensagens importantes que nem sempre estão explícitas naquilo que o pequenino diz. Ela aprende a ler nas entrelinhas das frases a essência do que realmente está acontecendo. Com muita propriedade, procura ajudar o filho a alcançar a maturidade e desenvolver a capacidade de tomar iniciativas, mas também aplica disciplina quando é necessário.

Outra coisa que a mãe conhece bem é o padrão de vida ideal para sua filha. Segundo esse modelo, a identidade sexual da menina será desenvolvida, provavelmente, a partir das experiências compartilhadas pela mãe. Caso seja bem-sucedida nessa função, ela será apontada como exemplo pela filha, quando esta já for adulta. Essa responsabilidade materna, que deve ser exercida de forma coerente, exige da mulher muita atenção para que a transmissão desses valores para os filhos não gere conflitos.

Desenvolver e manter raízes fortes, às vezes, causam sofrimentos que levam a mãe a transpor grandes obstáculos em favor dos filhos. Há ainda a vida de constante oração por eles, amando-os em qualquer circunstância e manifestando seus sentimentos para alcançá-los.

A mãe cristã sabe exercitar a fé de tal forma que consegue visualizar todas as possibilidades da vida e torná-las mais fáceis por intermédio do amor. Ela também mostra aos filhos o caminho da Salvação; ensina-lhes como é precioso pertencer a Cristo; transmite valores que os ajudarão a ser bons cidadãos e outros, igualmente importantes, que os conduzirão à vida eterna.

Encontramos na Bíblia modelos de mães que, como você, além do amor maternal tem grande preocupação com a vida espiritual dos filhos. Ana, esposa fiel e considerada mãe ideal é um exemplo. De acordo com 1 Samuel 1.27,28 ela orou durante muito tempo pedindo ao Senhor um filho. Cumpriu-se a vontade do Criador e seu clamor foi atendido. Assim como prometera, quando o menino nasceu, Ana, abnegada e agradecida, o consagrou a Deus. De todo coração, cuidou de Samuel, trabalhando para que ele fosse uma bênção nas mãos do Todo-Poderoso.

Maria, a mulher escolhida por Deus para a sublime missão de ser a mãe do Salvador do mundo, possuía características que agradavam ao Senhor como humildade, submissão, santidade e uma vida de oração. Ela soube ouvir e entender a vontade de Deus a respeito da criação de Jesus. Leia Lucas 1.46,47 e medite sobre o momento em que ela expressa o seu agradecimento ao Senhor.

Não podemos esquecer de Eunice, mãe de Timóteo, reconhecida pelo apóstolo Paulo como mulher de fé. Eunice transmitia ao seu filho ensinamentos preciosos que se tornaram requisitos importantes no seu ministério (2 Tm 1.5).

Verdadeiramente a Palavra de Deus contém boas lições sobre o correto desenvolvimento dos filhos e a orientação precisa para auxiliar as mães nessa nobre tarefa. Num mundo cada vez mais corrompido, ajudá-los a crescer espiritualmente — com corpo e mente sadios — é fundamental. Mas para isso, é necessário recorrer à graça e à sabedoria que vem do alto, conforme orienta 1 Coríntios 2.52 e Colossenses 3.21.

Parabéns por sua dedicação, amor, desprendimento, esforço, carinho e trabalho em prol do bem-estar, equilíbrio e formação do seu filho. Louvamos a Deus por sua preciosa vida. Ele certamente saberá recompensá-la, com muita alegria e paz, e ainda capacitá-la para que continue a doce e, às vezes, espinhosa missão de ser mãe. "Levantam-se os seus filhos, e chamam-na bem-aventurada" (Pv. 31:28a).

Capítulo 25

A Formação do Caráter

"Definimos caráter como a unidade e consistência revelada na maneira de agir, pensar e reagir de uma pessoa".

No cenário mundial é visível a onda de violência e é possível identificar focos de conflitos em diversos lugares, por inúmeros motivos. O quadro é assustador e preocupante. Nos grandes centros urbanos faz parte do cotidiano os lamentáveis acontecimentos envolvendo, principalmente, jovens, adolescentes e crianças em atividades delinqüentes, comportamentos que contrariam as normas sociais e os valores humanos.

Esse quadro nos leva a algumas reflexões e indagações. Como podemos contribuir para a formação do caráter dos nossos filhos? O que de verdade faz diferença para que se tornem adultos ajustados? Quais os sinais que os pais devem observar como indicadores do perigo? Por que alguns jovens, após receberem uma correta orientação, começam a fazer o caminho inverso ao crescimento moral e espiritual?

Respostas conclusivas e generalizadas sobre esses aspectos seriam, com certeza, precipitadas. O ser humano é complexo. As diferenças individuais influenciam na maneira como cada pessoa interpreta a sua realidade e interage nela em função das suas necessidades.

Existem, entretanto, procedimentos que irão influenciar a criança positiva ou negativamente a partir de seu nascimento, quando inicia seu processo de aprendizagem.

Definimos caráter como a unidade consistente revelada na maneira de agir, pensar e reagir de uma pessoa. São traços da personalidade com sentido ético, moral e social. Temos como exemplo honestidade, dignidade, lealdade, honra, justiça, etc. O caráter de uma criança se desenvolve lentamente.

A formação do caráter dos nossos filhos tem início no lar. De todas as influências que uma criança recebe durante a infância existem aquelas fundamentais, básicas e significativas que funcionarão como referencial para posicionamentos frente à vida.

Contudo, apenas as boas intenções dos pais não serão suficientes para garantir bons resultados. Eles devem em primeiro lugar definir pessoalmente os valores que consideram importantes para a família. Em seguida, conversar sobre esses valores, chegar a consenso sobre eles e aplicar à própria vida, vivenciando-os sem conflitos. A coerência e a constância dos propósitos são fundamentais nesse processo.

O relacionamento familiar deve ser construído tendo como base amor e compreensão. Quando Deus nos presenteia com filhos, Ele também nos capacita para alcançá-los em todas as suas necessidades. Ainda pequenos já buscam em nós a orientação para funcionar.

Vamos comentar o exemplo de Téo. Garoto considerado difícil, cujos pais tomaram a responsabilidade e o desafio de ajudá-lo a crescer e ser uma "bênção". Ele foi um menino inteligente, teimoso e egoísta. Mesmo quando havia passado a fase natural de egocentrismo, o egoísmo e teimosia persistiam acentuados causando dificuldade de adaptação social.

No lar de Téo, no entanto, existia harmonia e seus pais, reconhecendo o comportamento do filho, concordaram que seria importante valorizar as qualidades do menino. Levaram em conta as suas necessidades e com amor, coerência, firmeza e disciplina, colocaram limites. E mais: orientaram o garoto segundo a Bíblia, ajudando-o a desenvolver o autocontrole e vivendo em família os valores humanos e espirituais. Paralelamente, passaram por meio do exemplo o modelo de como solucionar problemas. Hoje, Téo é um jovem adulto. É presença marcante na família, na escola e na igreja. É considerado o menino que "deu certo". É realmente uma bênção (Pv 22.6).

O caráter cristão é modelado artesanalmente com amor e persistência. O resultado é uma vida equilibrada e significativa.

Capítulo 26

Como Ser Feliz na Meia-Idade

"Compartilhar a experiência com mulheres mais jovens, contando as bênçãos, traz motivação e vigor espiritual".

A mulher cristã desenvolve uma interpretação do conceito de vida e de morte de uma maneira muito especial (Rm 8.28). A vida é um presente de Deus (Jo 10.10; 1Co 6.19). O apóstolo Paulo em sua carta aos crentes de Filipos deixa o exemplo de uma vida dedicada a Deus, expressa confiança e desprendimento para fazer a vontade do Senhor e entrega total do seu corpo. O que ele queria, na verdade, é que Cristo fosse engrandecido no seu corpo, tanto pela vida quanto pela morte (1 Co 5.1).

O Criador nos formou com propósitos bem definidos (Sl 23,24; 139.14-16). Viver plenamente significa entender esses propósitos e investir na concretização deles (Gl 2.20; Tg 4.13-17).

Ana, mãe de Samuel, no seu cântico de louvor e adoração a Deus, reconhece o poder de Deus sobre a vida e a morte. Seu cântico é uma oportunidade para uma reflexão sobre o verdadeiro significado da vida (1 Sm 2.6).

Jó também compreendeu o significado de sua vida e pôde passar por experiências marcantes, boas e más, sem deixar de reconhecer a soberania de Deus (Jó 7.7, 8.5,6; 14.7).

A morte, fenômeno universal, é conseqüência do pecado (Gn 2.3) e também a ponte para chegarmos à Eternidade (Ec 8.8; Rm 5.12; Hb 9.27). O termo morte possui mais de um sentido na Bíblia: morte física (Gn 3.19); morte moral (Gn 2.17); morte espiritual pela desobediência a Deus (Gn 3.6-8; Ef 4.17,18); morte eterna (Gn 3.22).

Para nós, cristãos, a morte não é o fim da vida, mas um novo início (2 Pe 3.13). Ela não nos assusta, pois Jesus aboliu o poder da morte em todos os sentidos (2 Tm 1.10; Gn 3.24; 2 Co 5.18; Gn 3.15; Rm 6.10; Rm 5.18,19; 1 Jo 3.8), deixando também a certeza da sua presença conosco, no momento da nossa partida para a eternidade (Sl 23.4). A morte física significa voltar à Casa do Pai (Jo 14.2).

O conceito de felicidade designa o estado de que é feliz, ou seja, satisfação e contentamento (Pv 3.17,18). Felicidade é promessa de Deus para nós (Sl 128.2). Como pertencemos a Ele, podemos desfrutar de felicidade plena em qualquer época da vida (Sl 144.15).

Jesus ensinou a identificar o verdadeiro significado da felicidade (Mt 5.3-12). Sabemos que apesar das dificuldades somos bem-aventuradas pela presença do Senhor que supre a todas as necessidades (Pv 16.20; Fl 4.6,7; Sl 146.5; 36.9).

Meia-idade é o período da vida humana que corresponde ao clímax do processo de amadurecimento. As ciências humanas se encarregam de definir o potencial humano desenvolvido para melhor ou para pior. Equipes multidisciplinares têm investido grande esforço para compreender e ajudar as pessoas nessa fase da vida.

Meia-idade quer dizer maturidade. Ela torna evidente todo o potencial humano desenvolvido. É o resultado positivo ou negativo das experiências vivenciadas.

A vida é marcada por fases de desenvolvimento bem definidas e significativas. Nossa história começa na concepção. Vivemos uma seqüência de experiências nas quais as primeiras servirão de degrau para as seguintes. Contamos com transições normais e previsíveis da vida como concluir a escola, começar a trabalhar, deixar o lar para se casar, ter o primeiro filho, a saída do filho mais novo de casa e a aposentadoria.

Esses eventos esperados e outros inesperados, como por exemplo, uma doença demorada, ausência prolongada de uma pessoa amada, perda de um ente querido, poderiam nos levar à estagnação sem a ajuda do Senhor.

Hereditariedade, maturação e meio ambiente são determinantes internos e externos que influenciarão em cada etapa do processo que vai desde o nascimento, passando pela adolescência, idade adulta e maturidade, etapa em que colheremos frutos num processo que ainda continua enquanto vivermos.

A puberdade é o período da adolescência em que ocorre o amadurecimento das glândulas reprodutoras que resultam na diferenciação sexual secundária, que transforma meninos e meninas em homens e mulheres adultos. É nessa fase que as meninas têm a primeira menstruação (menarca) demonstrando que o organismo está se organizando para as funções de reprodução.

O tempo não pára. Vivemos a idade adulta e da mesma forma como o organismo teve um tempo de preparação para a sexualidade adulta, no período da menopausa os ovários – glândulas reprodutoras femininas — passam a não mais produzir óvulos e a menstruação cessa.

As alterações hormonais e psicológicas verificadas durante o período de transição da fertilidade para a menopausa trazem quase sempre alguns sintomas e conflitos, que podem ser em maior ou menor grau. Tudo vai depender da própria visão que cada mulher desenvolve sobre essa importante fase da existência (Fp 4.13; Rm 14.8).

Na meia-idade é possível ser feliz. Com os filhos crescidos, se dispõe de mais tempo, as tarefas domésticas diminuem e, assim, é possível ocupar o tempo com atividades que edificam, realizam e tornam essa fase saudável em todos os aspectos (Sl 92.14, 103:5; Jr 17.8).

Compartilhar a experiência com mulheres mais jovens, contando as bênçãos, traz motivação e vigor espiritual. Esse é o tempo de grandes realizações. Estar envolvida em atividades produtivas mantém o espírito, alma e corpo mais saudáveis. Podemos nos envolver em inúmeras atividades, porém respeitando nossos limites, protegidas contra excesso de esforço, fortes tensões e desânimo.

Nossos compromissos vão se modificando com o passar dos anos. Nos reorganizamos segundo ordens diferentes. Se, até então, não fomos ativas com gostaríamos de ter sido, podemos compensar o tempo perdido realizando atividades significativas para o Reino de Deus e para os nossos semelhantes.

É saudável manter a flexibilidade para continuar crescendo na meia-idade. Pelas pressões e tensões sofridas durante a vida, mulheres que confiam em Deus encaram os acontecimentos futuros, estimuladas a enfrentar dificuldades e a se tornar vencedoras em Cristo (Jo 16.33; Rm 8.37), diferentes daquelas que se sentem esmagadas, fazendo com que qualquer frustração no seu dia-a-dia seja motivo de tensão grave.

Na meia-idade podemos ganhar mais tolerância ou tornar-nos mais intolerantes e intransigentes. Devemos estar física, emocional e espiritualmente bem. Com a nossa mente ocupada com bons propósitos, atuando com motivação e alegria, segundo as nossas forças, fazendo da maturidade uma aliada e não uma inimiga (Ec 9.10).

Na meia-idade, como mulheres cristãs, não podemos parar no caminho e ficar com autopiedade. Devemos sim caminhar para frente como convém às filhas de Deus.

Somos frágeis, é verdade, mas as promessas do Senhor são fiéis e verdadeiras. Darão, com certeza, tranqüilidade e segurança para um viver calmo e útil, no qual não há lugar para más influências, autopiedade e medo.

Capítulo 27

Amor Compartilhado

"A disposição para compartilhar amor é reflexo do amor de Deus para conosco".

A adoção é, sobretudo, um ato de amor. Para a Organização Mundial de Saúde (OMS), "a adoção é o meio mais completo para recriar relações e uma vida familiar para uma criança privada de família".

Em princípio, o objetivo da ação é responder às necessidades da criança e permitir que ela encontre na sua nova família, um ambiente afetivo satisfatório e, ao mesmo tempo, formativo.

São inúmeros os motivos que levam à adoção. Encontramos razões legítimas cuja essência seja o desejo de amar e não o de ser amado. O desejável é principalmente a troca que uma construção de amor proporciona. Somado à essência dos motivos legítimos está a impossibilidade de gerar filhos, na qual a motivação é equivalente ao desejo normal de ter filhos e a disposição de compartilhar amor, completando a família com um filho adotivo por opção.

Há também os motivos neuróticos, que podem comprometer o sucesso do desenvolvimento da criança e das relações familiares. Estes são alimentados pela própria necessidade ou egoísmo. A essência é a pessoa e as suas necessidades e frustrações. As expectativas quanto à criança adotada são mais intensas do que o desenvolvimento harmonioso, saudável e formativo das mesmas. Por isso, é importante ter consciência dos motivos que impulsionam para a adoção, evitando que o filho seja a "criança distração", "criança tábua de salvação", etc.

Contar ou não a verdade ao filho adotivo também gera polêmica. Este aspecto é importante e faz parte da harmonia psicológica da criança. Alguns pesquisadores consideram praticamente impossível imaginar que uma criança adotada ignore por toda a vida a sua condição. Admitem que a revelação é geralmente fácil antes da puberdade e quando a criança encontra na família uma segurança igual a de um filho legítimo. Porém, as dificuldades surgem em casos em que há conflitos familiares sobre a adoção ou quando a revelação não é feita pelos pais adotivos. Vejamos dois exemplos que ilustram essa brilhante tarefa:

Flávia e Bruno tinham duas filhas, mas, sensíveis aos problemas de menores abandonados, decidiram adotar uma criança. Passado algum tempo, Flávia soube de uma jovem que havia sido abandonada pelo namorado após engravidar e que não tinha condições de criar o bebê. O casal decidiu adotar a criança e cuidar da mãe durante o pré-natal, quando soube que esperava por gêmeos. Receberam os meninos como um presente de Deus. As crianças sempre souberam o valor de serem filhos do coração. Os pais agradecem ao Senhor pela vida deles e pela oportunidade de poder adotá-los.

O outro caso envolve Altino e Mirtes. Durante oito anos eles se submeteram a tratamentos de fertilização, sem sucesso. Resolveram adotar um bebê em uma instituição que abriga crianças. Após o processo legal, adotaram Bianca, com 18 meses. Após quatro anos, Mirtes engravidou e deu à luz, Mariana. Hoje, as adolescentes convivem bem e normalmente conversam sobre a origem delas. Uma gerada do coração e a outra da barriga. As duas com amor.

Não há dúvidas de que a adoção é uma bênção. Essas crianças "escolhidas" têm completado a alegria de inúmeras famílias. A disposição para compartilhar amor e vê-las crescer sadias é, na prática, reflexo do amor de Deus para conosco, pois somos filhos de Deus por adoção (Gl 4.5; Ef 1.5).

Capítulo 28

Evangelista do Lar

"A mulher, além de cuidar e proteger, educa e ensina as suas "crias" zelando pela sobrevivência física e espiritual".

Criadas como obra-prima das mãos de Deus recebemos inteligência para pensar, interpretar e solucionar problemas, sensibilidade para criar laços afetivos, habilidade para desempenhar papéis, capacidade materna para alcançar as necessidades dos filhos e para desenvolver discernimento espiritual na compreensão da vontade de Deus e do seu plano para a nossa vida.

No lar, por meio de um relacionamento saudável, abrimos espaço para semear, cultivar e orientar o desenvolvimento espiritual dos nossos filhos, vivendo com eles valores cristãos que contribuirão para a decisão individual de salvação deles. Quanto ao esposo, é também abençoado. Onde a Palavra de Deus é vivenciada há paz e alegria bem como motivação para cuidar da vida espiritual. Naila é um bom exemplo:

Esta jovem mãe contou-nos como está conseguindo administrar os seus papéis de mãe e esposa, priorizando o ensino e cultivo dos valores cristãos no lar. Casou-se aos 21 anos com um jovem crente. A preocupação de ambos era constituir uma família que servisse a Deus.

Eles são pais de dois meninos, atualmente com 16 e 14 anos, e uma menina de 10 anos. Pedindo sempre sabedoria de Deus, e buscando orientação na sua Palavra, Naila, que também é professora, aproveitou alguns conhecimentos sobre planejamento. Tornou-se muito observadora das necessidades dos filhos e desenvolveu a base para a evangelização deles no lar.

Ela e o marido definiram as prioridades a fim de alcançar este propósito: aproveitar sempre oportunidades informais do dia-a-dia com seus filhos para comprovar o cuidado de Deus e o seu amor; demonstrar por meio de gestos e atitudes alegres a satisfação de pertencer ao Senhor; e desenvolver com eles atividades na igreja, valorizando o serviço para Deus. Assim têm feito e já colhem frutos desta prática.

Naila reconhece que a influência como mãe e esposa pode melhorar ou comprometer relacionamentos. Seus filhos são obedientes por conscientização e não por pressão. Valorizam os ensinamentos recebidos porque são coerentes e vivenciados em família. Além disso, há boa comunicação e diálogo em casa. Todos contam as suas experiências, ouvem opiniões, discordam, ponderam e quando algo é difícil para resolver, conhecem o caminho da oração.

Na igreja, os filhos participam de atividades de música, o pai é diácono e a mãe faz parte do grupo de visitas e discipulado. Em casa, se reúnem para um breve culto doméstico. Por meio desse exemplo, torna-se claro a possibilidade de um trabalho silencioso e abrangente que a mulher pode desenvolver dentro do próprio lar, tornando-o feliz para a glória de Deus.

No reino animal, as fêmeas cuidam e protegem seus filhotes enquanto eles não têm condições de defenderem-se sozinhos. A mulher, além de cuidar e proteger, também educa e ensina as suas "crias" zelando pela sobrevivência física e espiritual num mundo tão corrompido (Pv 22.6).

Contar aos filhos sobre Jesus, aproveitando as situações domésticas e dificuldades que surgem é rica oportunidade para solidificar uma postura de desafio frente aos problemas da vida. Assim, evitam que percebam tudo ao seu redor como ameaça, pois Jesus, o Príncipe da Paz, está conosco para nos dar vitória.

CAPÍTULO 29

Frutos da Maturidade

*"Da mesma maneira que cuidou
das mulheres do passado,
Deus cuida de cada uma de nós".*

Ter filhos é algo de significado tão profundo que diversos textos bíblicos enfatizam e interpretam a maternidade nas suas infinitas possibilidades, como mostra o Salmo 127.3: "Eis que os filhos são herança do Senhor, e o fruto do ventre, o seu galardão".

Conhecemos a história de Sara, da sua esterilidade e de como a promessa de Deus se cumpriu em sua vida. "E concebeu Sara e deu a Abraão um filho na sua velhice, ao tempo determinado, que Deus lhe tinha dito" (Gn 21.2). Ana, mãe do profeta Samuel, é outro exemplo. Ela também era estéril, orou a Deus pedindo um filho, foi atendida e considerou Samuel um presente precioso do Senhor (1 Sm 1.20).

O nascimento de um filho é uma experiência familiar vivida e interpretada por todos os elementos que a compõe. Mas a mãe, de maneira especial, vivência as preocupações da maternidade muito antes da concepção.

O ciclo vital da mulher é constituído por fases extremamente significativas. A maternidade parece ser um acontecimento marcante para a realização e o desenvolvimento psicológico feminino. Os períodos de gestação, parto e pós-parto propiciam reflexões, modificações, reestruturações e reintegrações na personalidade. Tudo isso devido às perspectivas quanto à incorporação de um novo papel bem como ao reajustamento dos papéis já assumidos anteriormente. Esta abordagem é válida para a mãe "de primeira viagem" ou não. Cada gestação aumenta e modifica a sua atribuição na esfera familiar.

É natural que uma gravidez traga à mulher temores e ansiedades, fantasias em relação ao bebê, sentimentos de euforia e possíveis alterações de humor. Alguns estudos sugerem que em certos casos, as próprias alterações dos níveis de estrogênio e progesterona podem influir no estado emocional da gestante. Assumir o papel de mãe implica integrar à identidade um padrão de respostas mais amadurecidas e abrir mão das mais primitivas.

Além da esterilidade, encontramos algumas circunstâncias, ou intercorrências, que podem alterar a possibilidade de uma gravidez tranqüila. Algumas mulheres se casam por volta dos 35 anos e vêem a possibilidade de ter filhos com muita preocupação, além daquelas que normalmente teriam. Sentem-se inseguras e com medo. Percebam o exemplo de Mariana que casou aos 38 anos de idade.

Ela e o esposo querem ter filhos, mas há muita preocupação, principalmente por parte dela, quanto a essa possibilidade. Para Mariana, a melhor fase para ser mãe já passou. Agora está acometida de medos e inseguranças, que vão desde a formação de um bebê saudável até a habilidade para ajudá-lo a crescer.

Parece que as preocupações tão normais às mulheres mais jovens estão reforçadas em Mariana. Porém, esses receios existem também naquelas que geram filhos no período da menopausa. Foi o que aconteceu com Raquel, hoje com 44 anos de idade. Ela casou aos 19 e teve três filhos nos primeiros seis anos do seu casamento. De repente começou a apresentar sintomas de menopausa com menstruação irregular. Procurou o médico para exame de rotina e soube que estava grávida de três meses. A alegria em casa foi geral. No entanto, a preocupação quanto aos problemas que poderia enfrentar com uma gravidez depois dos 40 era muito grande.

Esses casos nos levam ao seguinte questionamento: até que idade a mulher pode engravidar sem correr riscos? É difícil responder a essa pergunta de maneira taxativa, dizem os médicos. Parece que idade ideal para engravidar sem problemas é entre 25 e 35 anos. Contudo, acompanhamos casos de mulheres de 40 e até um pouco mais que engravidaram. São considerados casos especiais.

Para segurança da mãe e do bebê, porém, é imprescindível o acompanhamento de um ginecologista. A futura mamãe deverá se submeter a testes e cuidados durante toda a gestação. Deverá receber também orientação referente às preocupações mais freqüentes e identificar que realmente são significativas.

Desde o nascimento à morte, nosso relógio biológico é responsável pela maturação interna das diferentes funções orgânicas do corpo. A fertilidade vai terminando com a menopausa, quando o processo de ovulação encerra. Desde o nascimento estão presentes em nosso organismo os óvulos que produziremos na vida. Logo, com a idade, aumenta o risco de certos comprometimentos genéticos para o bebê, como a Síndrome de Down.

No homem, a idade não interfere em sua fertilidade. Os espermatozóides possuem vida curta e são renovados. Para nós, que conhecemos o poder de Deus e somos suas filhas, não deve haver temor. Cumpramos nosso papel e façamos nossa parte. Com certeza seremos ricamente abençoadas pelo Senhor. Deus é fiel e suas promessas nunca falham. Da mesma maneira que cuidou, com amor, das mulheres do passado, que confiaram Nele, cuidará de cada uma de nós, transformando nossas preocupações em paz e tranqüilidade para que possamos desfrutar o sabor da concretização dos nossos propósitos. Leia Marcos 10.27.

Capítulo 30

Auto-Estima e Complexo de Inferioridade

"O complexo de inferioridade é um sentimento depreciativo de desvalorização pessoal. Como mulheres de Deus, não podemos admitir complexos embargando a nossa atuação".

Quais os elementos que compõem a auto-estima de uma mulher? Será altura e peso ideais? Pertencer a uma família influente? Marcar presença com atitudes, palavras, entonação de voz e gestos delicados? Como é identificada entre as demais?

A mulher cristã deve priorizar e desenvolver a auto-estima, reconhecer seu valor, perceber que Deus a considera valorosa e que, por meio da comunhão com o Pai, pode manter a motivação para usar os seus talentos e ser feliz.

A auto-estima é o ponto de equilíbrio que faz toda a diferença no mundo dos complexos. A auto-estima baixa torna a mulher vítima do complexo de inferioridade. Em contrapartida, a auto-estima extremamente elevada gera o complexo de superioridade. O ideal, portanto, é que a mulher tenha um conceito equilibrado de si mesma, mantendo a sua auto-estima preservada e saudável.

Muitas mulheres, no entanto, deixam de gozar uma vida plena, pois se escondem atrás de sentimentos de inferioridade e autodesvalorização. O conflito entre as suas possibilidades e as exigências que seus papéis impõem são a causa de perderem a oportunidade de se realizar como mulher.

A Psicologia explica complexos como a expressão de um conjunto de idéias sobre si mesma, com forte conotação emotiva, que foram guardadas no inconsciente ainda na infância, e que agem sobre a conduta da pessoa. É uma seleção individual de lembranças e idéias que surgem das experiências armazenadas e evocadas da memória.

Tudo o que fazemos e sentimos um dia foi aprendido. Nesse aprendizado, às vezes nos distanciamos do original da nossa personalidade, desenvolvendo sentimentos de inferioridade ou superioridade. Se você regar todos os dias uma flor branca com água e anilina amarela, a flor apresentará a cor amarela...

O sentimento de inferioridade aparece a partir de um estado psíquico alterado que reflete o complexo. É um desconfortável sentimento de desvalorização pessoal. Nesse caso, a pessoa em questão pode ter a sensação de que é desprezada, ou de que pessoas de seu convívio familiar, social e profissional são superiores a ela. Quem cultiva esse sentimento se sente um fracasso, um desastre pessoal; acha-se feia, pouco inteligente ou que não tem talentos como as demais mulheres que conhece.

O sentimento de menos valia e os complexos podem abalar a motivação e a capacidade para tomar iniciativas, elementos básicos para a caminhada na vida.

A Bíblia traz alguns exemplos de personagens que apresentaram, em algum momento, o sentimento de inferioridade. Moisés não se considerava capaz de realizar a missão que Deus confiou: libertar o povo de Israel das mãos de Faraó, da Terra do Egito. A sensação de incapacidade que o sentimento de inferioridade trouxe produziu em Moisés fraqueza, inapetência e falta de motivação (Êx 3; 4). Por meio da valorização da presença de Deus em sua vida, ele conseguiu conduzir o povo durante muitos anos rumo à Terra Prometida.

Por outro lado, a Bíblia também apresenta pessoas movidas por sentimento de superioridade. Em Lucas 18.9-14, Jesus fala sobre a parábola do fariseu e do publicano. O fariseu é um exemplo típico de alguém que se sente superior. Quem sofre desse mal se considera melhor do que os outros; acha que nunca erra; é muito observador dos defeitos alheios e está sempre pronto para julgar. Normalmente essas pessoas não possuem tato, ternura e empatia, tornando os relacionamentos muito difíceis.

É possível mudar o quadro quando um desses sentimentos está instalado na nossa dinâmica pessoal. Vejamos de que forma:

- Reconhecer a importância de mudar é o primeiro passo.
- Em seguida, desenvolver o sentimento de aceitação. Saber que é amada, sentir-se querida e apreciada fará com que você enterneça as suas expressões faciais e melhore os seus contatos pessoais.
- Desenvolver a consciência do próprio valor. O senso de competência é um conceito emocional que leva a realização de projetos e a suportar situações difíceis que possam surgir.
- A confiança em Deus fortalece as atitudes e comportamentos, neutralizando qualquer sentimento inadequado que venha bloquear as nossas ações.

Como mulheres de Deus, não podemos admitir complexos embargando a nossa atuação. É possível identificá-los e descartá-los para sempre da nossa vida.

Capítulo 31

Mães que Valorizam os Filhos

"A mãe é a principal figura para suprir as necessidades físicas e afetivas do filho (...) Valorizar significa reconhecer qualidades com estima, apreço e consideração".

"Pode uma mulher esquecer-se tanto do filho que cria, que se não compadeça dele, do filho do seu ventre? Mas, ainda que esta se esquecesse, eu, todavia, me não esquecerei de ti" (Is 49.15). Esse texto fala do amor inesquecível da mãe e de uma possibilidade remota: a de que, contrariando a própria natureza materna, uma mulher não tenha amor pelo filho e dele se esqueça. A mensagem ressalta ainda o grande amor de Deus para conosco.

Nessa época, os israelitas passavam por grande angústia. Estavam desanimados, sentiam-se abandonados e não paravam de se queixar. Em resposta, Deus demonstra sua capacidade divina para amá-los. Fazendo uma analogia com o mais puro amor humano, o amor materno, torna claro para eles que o seu amor supera a possibilidade de vir a esquecê-los.

Ser mãe faz parte da realização da mulher. É um privilégio e também uma grande responsabilidade. Os filhos são herança e bênçãos do Senhor (Sl 127.3; 128.3; Dt 28.4; 1 Tm 2.15).

A mãe é a principal figura para suprir as necessidades físicas e afetivas do filho. Nessa relação de doação, ela cumpre função vital para o desenvolvimento da identidade da criança. Esta apresenta inúmeras necessidades que são identificadas e satisfeitas pela mãe à medida que vão surgindo. A sensibilidade materna alcança as pequenas ansiedades que, sutilmente, afetam os filhos.

Valorizar significa reconhecer qualidades com estima, apreço e consideração. A necessidade de reconhecimento, ou seja, a valorização pessoal é um ingrediente importante no desenvolvimento da autoestima e do autoconceito de uma criança, que nem sempre verbaliza essa necessidade. Porém, se estivermos atentas é possível percebê-la nas entrelinhas.

A nossa tendência natural é disciplinar a criança pelos comportamentos inadequados que apresenta e pouco elogiar as suas qualidades. Pensando nisso, relacionamos algumas sugestões que podem ajudá-la a enriquecer o seu repertório de procedimentos na valorização do seu filho.

- Ore por seu filho antes mesmo dele nascer. Há poder nessa oração (1Sm 1.27,28);
- Faça como Ana, Maria, e outras mães da Bíblia, que apresentaram e entregaram seus filhos, dedicando-os a Deus no início de suas vidas (1Sm 1.28; Lc 2.22);
- Encare a tarefa de criá-los como um ministério (Dt 6.7; Pv 29.17);
- Crie um ambiente no lar onde eles possam compartilhar alegrias e suavizar as tristezas (Cl 3.21);
- Selecione boas sementes para plantar no coração deles no tempo certo do seu desenvolvimento (Ec 3.1);
- Prepare-os para a vida (Gn 18.19; Ef 64);
- Construa uma lista de prioridades na qual a atenção para ouvi-los, a valorização de suas qualidades e correção dos defeitos, com amor e firmeza, sejam colocadas à frente de tantas outras coisas também importantes (Sl 78.4);
- Acredite no seu potencial, garantindo motivação para boas realizações e comprovação de que é capaz. Respeitá-lo e ensiná-lo é

também sinônimo de valorização (Ef 6.4), bem como esperar dele respeito e valorização (Hb 12.9);

- Reconheça suas características positivas e corrija-o quando necessário a fim de atendê-lo na preparação para a vida adulta. Siga o exemplo do Senhor, que como pai amoroso nos corrige e ensina (Hb 12.6-8; Pv 19.18; 22.6,15);
- Faça a vontade de Deus conhecida como faziam os israelitas com os seus filhos. Ensiná-los a amar e obedecer ao Senhor é uma ordem do próprio Deus (Dt 11.18-20);
- Demonstre amor incondicional;
- Mesmo disciplinando transmita amor;
- Use linguagem de aceitação, mesmo quando não concorde com as suas idéias e quando não possa fazer tudo o que eles querem;
- Não os ridicularize nem sequer envergonhe-os na frente de outras pessoas;
- Não os menospreze. Não faça ameaças ou tente suborná-los. Tais atitudes atingem o cerne da personalidade da criança e a sua auto-estima;
- Por meio de suas palavras e sensibilidade ajude a mudar comportamentos e desperte nele respeito, confiança e vontade. Assim, alcançará o coração de seu filho;
- Fique perto deles, compartilhe de suas vidas, ouça suas confidências, na alegria e na tristeza. Maria, mãe de Jesus, estava ao lado do Senhor na festa de casamento — as bodas em Caná (Jo 2.1) — e junto à cruz (Jo 19.25).

A Bíblia ilustra o padrão bíblico para o desenvolvimento da criança, por meio da descrição do crescimento de Jesus, como relata Lucas 2.52. Cuide do crescimento espiritual, físico e mental de sua criança. Jesus, na sua infância recebeu esses cuidados de sua mãe e pôde crescer saudável (Lc 2.40).

Capítulo 32

Cuide da Saúde

"Cuidar da saúde faz parte das responsabilidades que temos como mulheres cristãs. Enquanto filhas de Deus, nós devemos preservar espírito, alma e corpo saudáveis".

A saúde faz parte do propósito de Deus para a nossa vida. O termo "saúde", do latim *Salute*, significa conservação da vida. É utilizado para expressar a condição de uma pessoa; estado cujas funções orgânicas, físicas e mentais se acha em situação normal; estado do que é sadio; força, robustez, vigor, disposição do organismo; disposição moral ou mental; saúde do espírito. Faz parte, também dos nossos votos e saudações. Como o caso da passagem expressa em João 3.2: "Amado, desejo que te vá bem em todas as coisas e que tenhas saúde, assim como vai a tua alma". João, o apóstolo amado, expressa o seu amor e desejo de bênçãos para Gaio, fiel irmão e companheiro.

Deus criou o ser humano à sua imagem e semelhança (Gn 1.26,27). Espírito, alma e corpo compõem a natureza humana (1 Ts 5.23; Hb 4.12). Adão e Eva, quando pecaram, perderam características do Criador e passaram a condição de pecadores, transmitindo-a também aos seus descendentes (Rm 5.17,19). Como conseqüência, o ser humano passou a ser vulnerável às doenças, sofrimento e morte (Rm 8.20-23; 2 Pe 3.10-13).

Deus prometeu resgatar, por meio da morte de Jesus na cruz, a comunhão plena que foi perdida no Éden bem como a possibilidade de saúde espiritual, mental, física e emocional (Rm 5.8-21).

Cuidar da saúde faz parte das responsabilidades que temos como mulheres cristãs. Somos filhas de Deus, por isso, devemos preservar espírito, alma e corpo saudáveis, lembrando sempre que somos importantes para o Senhor e que um dia prestaremos contas da boa ou má administração de nossa vida (1 Co 6.19-20; 3.17).

Devemos preservar a saúde, cuidando de maneira preventiva para evitar doenças. A Bíblia é rica em ensinamentos na forma como podemos manter qualidade de vida em todas as esferas da nossa existência.

Uma alimentação saudável e equilibrada nos fornece saúde e boa disposição (Pv 23.20,21). Quando Deus criou o homem e a mulher, orientou-os para que comessem frutas, verduras e grãos (Gn 1.29). Após o dilúvio, Deus também ofereceu carne como mantimento por meio de um pacto feito com Noé (Gn 9.3). É importante agradecermos pedindo também que Deus abençoe o nosso alimento (1 Tm 4.3-5; Dt 7.13-15).

A reconciliação com Deus por intermédio do sangue de Jesus e freqüente comunhão com Ele, garantem saúde espiritual (Is 53.4,5; Rm 5.1,10). Já o pecado e suas conseqüências têm levado milhares de pessoas à morte espiritual (Mc 2.17).

Consideremos três aspectos de nossa vida ligados à saúde:

Saúde espiritual

Nossa mente deve estar sob o governo de Cristo (Ef 4.17; Cl 1.21). A mente carnal e a consciência moral corrompidas causam sérias doenças (Rm 1.28; Pv 24.9; Is 66.18; Mt 15.19). Os maus pensamentos levam a ações contrárias à vontade de Deus, mas os que possuem a mente de Jesus, desfrutam de uma vida saudável que reflete Cristo (1 Co 2.16; Fp 2.5). Os pensamentos da mulher cristã são motivados pelo Espírito Santo e ela produz o fruto do Espírito que reflete a saúde da alma (Gl 5.22).

Saúde emocional

Cada uma de nós interpreta afetivamente as experiências vivenciadas. Dependendo do grau de confiança em Deus, temperamento e capacidade para sentir, reagiremos aos sentimentos de alegria, tristeza, frustração, raiva, medo, preocupação, amor, egoísmo, ciúme, entre outros. Nosso equilíbrio e saúde emocional estão diretamente ligados a esta dinâmica. Quanto mais intenso o sentimento vivenciado maior será os seus efeitos, sejam eles positivos ou negativos.

Inúmeras doenças são desenvolvidas a partir de sentimentos ou emoções intensas que levam ao estado de tensão emocional ou ansiedade (Fp 4.6; Sl 46.1-3; 10.11). Lamentações e autopiedade são sentimentos que roubam a alegria e comprometem a saúde (Sl 31.9,10; Pv 17.22; Sl 102.3-5; Hb12.15). O Inimigo trabalha na esfera da nossa mente e emoções, tentando roubar a saúde e a paz (1 Pe 5.8).

Saúde física

Nosso corpo é a unidade orgânica ou forma definida do todo do organismo humano. Diversos fatores influenciam a saúde física. Entre eles os genes que herdamos de nossos pais, as escolhas que fazemos, hábitos, alimentação, reconhecimento de sintomas de alerta das doenças e tratamento especial de saúde, se for o caso. A harmonia entre Espírito, alma, emoções e corpo também é fundamental para a boa saúde. Situações de estresse excessivo provocam agitação emocional que pode afetar órgãos e sistemas do organismo e provocar doenças físicas ou mentais.

Deus pode permitir sofrimentos em algum momento da vida, porém nunca além do que possamos suportar (1 Co 10.13). Ele promete transformar em bênçãos os nossos sofrimentos quando o amamos e obedecemos (Rm 8.28; Hb 12.5). Ele fica conosco em qualquer situação (Sl 23.4; Is 43.2).

Tendo a certeza do seu cuidado conosco (1 Pe 5.7) devemos encarar cada fase da vida, com a ajuda da Palavra de Deus, sabendo que os momentos de dor não duram para sempre (Sl 30.5; Ec 3.1-4). Quando perdemos a alegria perdemos também a energia. "A alegria do Senhor é a nossa força" (Ne 8.10).

Nossa aproximação a Deus produz efeitos preventivos e curativos para a saúde. Ele promete proteção (Sl 23.1); saúde para os obedientes (Ex 15.26; Dt 7.15); cura e restauração (Jr 3.22, 17.14, 30.17; Sl 41.4, 147.3; Is 53.5; Os.6:1; Lc 4.18); forças e energia (Ne 8.10); e consolo (Rm 8.28).

Capítulo 33

Quando os Filhos Não Vêm

*"Seja por motivo de esterilidade
ou qualquer outro que impeça
a maternidade biológica, toda mulher
poderá encontrar realização utilizando
o potencial materno canalizado
para as mais nobres tarefas".*

Vamos agora meditar em uma passagem bíblica que nos apresenta um rico conteúdo: "Canta alegremente, ó estéril que deste à luz! Exulta de prazer com alegre canto e exclama, tu que não tiveste dores de parto! Porque mais são os filhos da solitária do que os filhos da casada, diz o Senhor" (Is 54.1).

Da mesma forma que essas palavras foram destinadas originalmente para encorajamento e promessa de bênçãos futuras para um povo exilado, repercutirá com o mesmo efeito no caso da mulher que não gerou filhos.

Desempenhar o papel de mãe faz parte dos objetivos e da realização de quase todas as mulheres. Mas nem sempre isso é possível. A esterilidade é a característica do que é estéril, que não pode reproduzir. Existem inúmeros fatores que podem levar uma mulher a não ter esta oportunidade.

Na Bíblia, encontramos casos de mulheres que passaram por essa experiência. Vivenciaram a condição de estéril temporariamente, oraram a Deus, confiaram Nele e puderam engravidar. Vejamos alguns exemplos:

Deus tem poder para fechar a madre e também para abri-la (Gn 18.10). Sara não gerava filhos (Gn 11.30, 16.1). Deus fez promessa ao casal (Gn 12.2), porém Sara não acreditou por ter idade avançada. Havia coisa alguma difícil ao Senhor (Gn 18.12,14)? Deus cumpriu a sua promessa, dando a Abraão e Sara o filho Isaque (Gn 21.1-2).

A mulher de Manoá era estéril (Jz 13.2). Então, um anjo apareceu (13.3) e lhe prometeu um filho (vv. 3-5). Ela creu (v. 23), e Deus cumpriu a promessa dando-lhe Sansão, o nazireu de Deus (v. 24).

Ana era uma crente fiel, amada por seu marido, porém era estéril (1 Sm 1.1-8; 2.2). Ela sofria muito por causa disso, pois tinha uma competidora, Penina — a outra mulher de Elcana —, que possuía filhos (1 Sm 1.6). Ana orava a Deus por um filho e fez um voto ao Senhor (vv. 9-11). Sendo abençoada por Deus, deu à luz Samuel (vv. 19-20).

A mulher sunamita era estéril e seu marido era velho (2 Rs 4.14). Ela era bondosa e ajudava Eliseu, o homem de Deus, que a abençoou (2 Rs 4.16), e o Senhor concedeu-lhe um filho (2 Rs 4.17).

Isabel, casada com o sacerdote Zacarias, era estéril, Ambos eram idosos, porém justos perante Deus (Lc 1.5-7). Quando Zacarias entrou no templo para oferecer incenso, o anjo Gabriel apareceu-lhe e anunciou que sua oração fora ouvida e que Isabel seria mãe (Lc 1.9-11). Deus cumpriu a sua promessa e Isabel deu à luz João Batista (v. 57).

Essas mulheres viveram o sentimento de frustração e todas as conseqüências do fato de não gerarem filhos. Em verdade, suas histórias mostram que Deus tinha um plano especial para a vida de cada uma delas. Os filhos que vieram a partir do milagre de Deus foram homens valorosos e alguns deles fazem parte da história do povo de Deus até os dias de hoje. É o caso de Isaque, Sansão, o profeta Samuel e João Batista.

É importante entender o plano Deus para nossas vidas (Is 55.8). Seja por motivo de esterilidade ou qualquer outro que impeça a maternidade biológica, toda mulher poderá encontrar realização canalizando o potencial materno para as mais nobres tarefas.

É altamente compensador adotar uma criança. Ela será o filho do coração, o escolhido. A criança promoverá a realização materna com todas as alegrias e responsabilidades, inerentes ao papel de mãe, e receberá família, carinho e atenção. Essa troca é saudável (Ef 2.10).

A Bíblia apresenta alguns exemplos de adoção. Abraão quis adotar um filho, porém Deus não aprovou a idéia. Seu plano era dar-lhe um filho por meio de Sara, sua esposa (Gn 15.3). Jacó considerou os dois filhos de José — Efraim e Manassés — como se fossem seus filhos (Gn 48.5). A filha de faraó adotou Moisés (Êx 2.10), proporcionando a ele a mais refinada educação palaciana. Mardoqueu adotou Éster, filha de seu tio, que era órfã de pai e mãe (Et 2.7).

Utilizar a vocação materna para gerar filhos espirituais é outra possibilidade. Ganhar almas faz parte da ordenança de Jesus (Mt 28.19). É também prova de sabedoria (Pv 11.30). Temos esse dever enquanto filhas de Deus, pela salvação em Jesus. Mulheres sem filhos dispõem de mais tempo para a obra de Deus.

Ao descobrir seus talentos e consagrá-los ao serviço do Senhor poderá ganhar muitas almas, ou seja, gerar filhos espirituais. Não somente pregando a Palavra, mas ensinando-os e acompanhando seu crescimento espiritual, orando por eles e ajudando-os a se tornarem crentes fortes na igreja de Deus (1 Co 3.6; Rm 10.15; Jo 4.28-30).

A mulher que não teve filhos pode encontrar grande realização no serviço cristão. Existem inúmeras possibilidades. Visitar os doentes, os fracos na fé, e os necessitados; participar nas diferentes equipes de trabalho na igreja desenvolvendo seus talentos; gozar a sensação de ser útil à igreja compartilhando as bênçãos e recebendo muitas outras (1 Co 15.58). Servir é um dever e encontramos alertas a esse respeito no Antigo e no Novo Testamento (Js 22.5b; Ml 3.18; Gl 5.13; Jo 12.26).

CAPÍTULO 34

Esposa de Pastor

"O aprendizado nesta área da vida cristã não é fácil. Exige paciência, força de vontade, humildade e graça".

É conhecido de todas nós o perfil da mulher virtuosa traçado no epílogo do livro de Provérbios. Na Bíblia, é notória a citação de mulheres que marcaram presença pelo seu porte, dinâmica e comportamento. Da mesma maneira, encontramos em nossos dias, mulheres que desempenham diferentes atividades. As casadas, além das tarefas do lar, ainda trabalham para ajudar a compor o necessário para cobrir o orçamento doméstico.

Todas nós, mulheres cristãs, temos ainda o compromisso de servir ao Senhor usando talentos e tempo na causa do Mestre como verdadeiras servas fiéis. Existem, porém, mulheres muito especiais, com um compromisso maior. São as esposas de pastores.

Estar entre elas, ouvindo considerações importantes e testemunhos sobre o seu dia-a-dia e desempenho no papel de "esposa do pastor" levou-me a essa reflexão.

É um privilégio ser casada com um servo do Senhor, participar e compartilhar da vida de um homem que entregou a sua vida inteiramente nas mãos de Deus, abraçando um ministério. Contudo, é um problema descobrir que existem tantas implicações que exigem maturidade para conviver, ajudar nesse ministério e ser feliz no desempenho de tão nobre missão.

Muitas esposas não escolheram esta posição. Foram colocadas nelas em função de uma chamada do Senhor. O aprendizado nesta área da vida cristã não é fácil. Exige paciência, força de vontade, humildade e graça. "A minha graça te basta, pois o meu poder se aperfeiçoa na fraqueza" (2 Co 12.9).

Ela pode influenciar positiva ou negativamente no ministério do marido. A Bíblia é rica em ensinamentos para a mulher enquanto esposa. Todos os pré-requisitos a uma boa esposa e a um bom marido estão registrados na Palavra de Deus e funcionam também para o casal com ministério.

A ele cabe amá-la, sendo sincero e transparente com ela, dignificando-a em amor como Cristo fez com a igreja. O Senhor zela, edifica, consola, cura e faz a igreja crescer.

À mulher cabe o papel de auxiliadora idônea, aquela que é capaz de amar seu marido e de criar ambiente propício para que o lar seja uma fonte de amor no qual o equilíbrio é encontrado após um dia desgastante.

O mau relacionamento no lar interrompe a comunhão com Deus. Se o relacionamento entre o casal não estiver bem, as orações são interrompidas e influenciarão no andamento das atividades da igreja.

Junto ao esposo a mulher tem um lugar especial e certo. É ao seu lado. Nem à frente nem atrás, nem no lugar dele. A esposa o completa. Nessa posição ela é capaz de sentir as responsabilidades que estão sobre os ombros dele e ajudá-lo.

Acatar a liderança e o governo do marido, canalizando toda a sua capacidade para a execução de propósitos divinos, deve ser a meta a ser alcançada. A unidade de pensamentos e propósitos desenvolvidos pelos casais que desempenham o mesmo ministério parece ser o segredo do sucesso de tantos pastores.

Às vezes, a esposa do pastor encontra pela frente caminhos áridos. Precisa ser sábia, pois em determinadas ocasiões é necessário até mesmo abrir mão da presença do marido em função das atividades pastorais.

Ela possui aspirações legítimas em sua vida e é capaz de esperar com paciência a concretização delas. No entanto, é sempre observada, algumas vezes criticada, e, em outras tantas, imitada. Com certeza não conseguirá contentar a todos, porém seu bom testemunho poderá ser reconhecido. "E, quanto fizerdes por palavras ou por obras, fazei tudo em nome do Senhor Jesus, dando por Ele graças a Deus Pai. E, tudo quanto fizerdes, fazei-o de todo o coração, como ao Senhor e não aos homens, sabendo que recebereis do Senhor o galardão da herança, porque a Cristo, o Senhor, servis" (Cl 3.17,23,24).

Que o Senhor Deus abençoe e encha a sua vida de graça para manter a motivação e desenvolver atividades tão diversificadas que este papel impõe. Estabeleça prioridades, conforme o padrão de Deus, procurando ser autêntica. Coloque todos os talentos e atributos pessoais à disposição do Senhor. Com a orientação do Espírito Santo você vivenciará e entenderá todas as experiências que surgirem, sejam conflituosas ou não. Compartilhe com seu marido soluções viáveis e vitoriosas também na igreja. Esteja animada em nome de Jesus. Com certeza, você colherá muitos frutos!

Capítulo 35

Até Que Minha Casa Sirva ao Senhor

"Existe um tempo de espera cansativo
e penoso quando a fé não é exercitada,
mas a vitória é certa para quem
aprende a confiar em Deus".

A experiência de aceitar a Cristo e desfrutar as bênçãos de uma vida feliz, compartilhando com os familiares as mesmas satisfações, atividades, esperanças e aspirações, compreende algo fantástico que muitas mulheres têm experimentado. Esta é a vontade de Deus.

Encontramos, no entanto, muitas mulheres que entregam suas vidas a Jesus e vivem em pleno desenvolvimento espiritual, porém possuem esposos que ainda não decidiram servir a Cristo. Esse fato causa problemas no relacionamento conjugal, nos interesses e nas atividades da família. Os níveis diferentes de comprometimento motivam os conflitos.

Às vezes, o grau da pressão sofrida é muito alto, podendo levá-las a estar constantemente em oração para ficar mais perto de Deus enquanto aguardam a vitória. Em outras situações se sentem frágeis, desanimadas e tristes pelo conflito que as pressões acabam gerando.

Sabemos que a vitória é certa para aquelas que aprenderam a confiar em Deus e seguir sua sábia orientação. Porém, o tempo de espera é cansativo e penoso quando a fé não é exercida. A Bíblia diz que a mulher, por meio de seu comportamento, pode ganhar o seu esposo para Cristo (1 Pe 3.1).

O maior desejo de um cristão é que todos os seus familiares sejam do Senhor. É difícil esperar que um marido não-crente apresente mudanças de comportamento sem que seja tocado pelo Espírito Santo. Isso faz parte do trabalhar de Deus e da conduta da mulher. Ela deve refletir Cristo em cada ação.

O apóstolo Pedro ensina que a esposa, nessa condição, também deve respeitar a liderança do marido na família, amá-lo e, com prudência, conduzir suas atitudes para, discretamente, plantar sementes que o levem a Cristo.

Em Provérbios, encontramos conselhos significativos a respeito da mulher e da importância da sua boa atuação no lar (Pv 14.1). Ser sábia é condição fundamental para vencer esta árdua tarefa. Porém, as mulheres que se julgam com pouco ou nenhuma sabedoria devem reconhecer essa falta e pedir ao Senhor que lhes supra de sabedoria do alto (Tg 1.5).

Falar com sabedoria é importante. Não é com o muito falar que conquistamos sucesso em nosso objetivo. Podemos perder uma batalha ou deixar de receber muitas bênçãos porque falamos demais. "Se alguém entre vós cuida ser religioso e não refreia a sua língua, antes, engana o seu coração, a religião desse é vã" (Tg 1.26). Muitas vezes, falamos quando devíamos estar caladas (Pv 25.11). Há tempo para calar e tempo para falar (Ec 3.7).

Agir com sabedoria também é essencial. Criar um ambiente amável, cultivando o amor divino (1 Co 13.4-7), de forma que apareça toda a beleza do caráter cristão (Pv 31.10-31) nem sempre é fácil. Contudo, a sabedoria que vem de Deus nos capacita para interpretarmos a realidade, elaborando atitudes segundo os propósitos do Senhor e agindo com sensibilidade para que a paz esteja presente em nosso lar.

Cumprir as tarefas domésticas, encontrar a melhor hora para ir à igreja – há casos em que é raro ir ao culto, devido ao posicionamento do marido a esse respeito – ou criar em casa um "cantinho" de oração, adoração e meditação, pode ser muito rico para o fortalecimento espiritual e uma forma de evitar conflitos.

Seguir a Cristo nessa condição requer, em primeiro lugar, a percepção da vida em plena comunhão com Jesus, que nos faz vitoriosas (Fp 4.13). Então, tranqüilamente, podemos tomar a nossa cruz, adotando renúncia pessoal para priorizar Cristo e os seus santos propósitos para a nossa vida. "Se alguém quiser vir após mim, renuncie-se a si mesmo, tome sobre si a sua cruz e siga-me" (Mt 16.24). Renunciar a si mesmo significa submeter-se a vontade de Deus, tomando posição junto a Cristo.

Preocupações e problemas fazem parte das dificuldades que nós, mulheres, vivemos. Jesus nos adverte a esse respeito, mas promete estar conosco. "Tenho-vos dito isso, para que em mim tenhais paz; no mundo tereis aflições, mas tende bom ânimo; eu venci o mundo" (Jo 16.33).

Não deixe de buscar força e graça do Senhor, pois sua misericórdia nos alcança. Você, que ainda não possui o privilégio de ter o seu esposo salvo por Jesus, com certeza terá vitória e poderá também dizer: "Porém eu e a minha casa serviremos ao Senhor" (Js 24.15).

Capítulo 36

Casamento com Toque Divino

*"O Senhor Jesus quer te ajudar
e salvar seu casamento independente
da maneira como começou.
Ele é o Senhor que restaura".*

Homens e mulheres nascem e crescem, alimentando um sonho de felicidade. Grande parte desta expectativa está voltada para encontrar a pessoa "certa" para compartilhar a vida. É a "cara metade", aquele (a) que completa o outro.

A maneira como um relacionamento tem o seu início e são construídos os seus alicerces farão a diferença no resultado. O casamento pode começar de diversas maneiras:

- Como realização de um sonho;
- Como parte do projeto para construir uma família;
- Como forma de reparar a precipitação de uma gravidez;
- Decisão de duas pessoas apaixonadas que pretendem perpetuar um "estado de satisfação" produzido pela paixão;
- Parte do projeto para construir família, segundo a orientação de Deus.

Por mais inteligentes e sensíveis que sejamos, possuímos limitações que não nos permitem a convicção de fazermos escolhas acertadas e conseguirmos felicidade plena. Jesus Cristo com as suas características divinas de personalidade pode nos orientar para o que é melhor.

Casamento fala de intimidade, ligação, compartilhamento, compreensão e harmonia. É uma das áreas em que mais expressamos a nossa dinâmica pessoal para relacionamentos. Vejamos o exemplo de Eleonora. Jovem crente, nascida no Evangelho, cresceu participando da Escola Dominical, teve uma experiência genuína com Deus quando adolescente e se envolvia nas diversas atividades da igreja com muita satisfação. Tinha sonhos e projetos para casamento, mas fazia questão absoluta de que o seu futuro marido fosse crente fiel ao Senhor. Consciente de que só Deus poderia ajudá-la entregou seu projeto para que o Senhor apreciasse, disposta a permitir que Ele dirigisse sua vida e lhe desse discernimento para fazer escolhas segundo a vontade divina.

Cada área da sua vida foi delineada sob a orientação de Deus, por meio de sua comunhão pessoal, alimentada pela oração e leitura da Bíblia. Esquivou-se de rapazes da igreja que se aproximaram para namorá-la até conhecer Olívio. Novo convertido, que viveu uma experiência linda no seu encontro com Deus, a quem passou a amar e nutrir uma motivação muito grande para servir.

Embora os dois tivessem características de personalidade bem diferentes, buscavam objetivos comuns. As prioridades eram as mesmas. Constituir uma família na qual o nome do Senhor Jesus fosse glorificado por meio do comportamento de cada um.

Casaram-se e tiveram três filhos. Eleonora considerava Olívio uma jóia sendo lapidada por Deus a cada dia. As diferenças individuais entre ambos não serviam para separá-los, mas para enriquecê-los por complementação. Passaram por problemas e dificuldades, mas o propósito de ambos era que um desse suporte ao outro quando fosse preciso (Ef 4.2; Cl 3.13).

Eleonora e Olívio estão casados há 22 anos. Ele é diácono na igreja e ela professora da Escola Dominical. Seus filhos refletem os valores cristãos vividos no lar, no qual é visível o respeito a Deus e entre pais e filhos. Eles consideram que o segredo da vitória é permitir sempre a presença do Espírito Santo, manter a disposição para atuar segundo a orientação de Deus, e desenvolver a capacidade para perdoar segundo o padrão de Cristo.

É utopia desejar que o relacionamento conjugal seja uma experiência boa, saudável e produtiva, sem levar em conta a importância do crescimento pessoal, emocional, espiritual, numa ininterrupta comunhão com Deus. O modelo básico para relacionamentos se refletirá tanto positivamente, se houver maturidade espiritual; quanto negativamente para os fragilizados pela imaturidade.

O Senhor Jesus quer te ajudar e salvar seu casamento independente da maneira como começou. Ele é o Senhor que restaura. Basta que você permita e siga as suas sábias orientações.

Que tal avaliar, responder e refletir sobre as questões a seguir.

- Como você interpreta a sua realidade?
- Como cuida dos aspectos incoerentes do seu casamento?
- Qual o seu grau de flexibilidade para mudanças?
- Como está direcionada a sua percepção e sensibilidade?

Talvez seja difícil responder a essas perguntas, mas vale a pena fazermos a nossa parte. O Senhor é fiel e fará a diferença na administração da nossa vida conjugal ao permitirmos que atue livremente em todas as áreas do nosso relacionamento. Como? Percebendo, interpretando e agindo com tranqüilidade interior, fruto da comunhão com Deus. A coerência do trabalhar do Senhor na vida de quem se coloca em suas mãos garante bons resultados.

Por suas características divinas — onisciência, onipresença e onipotência — Ele alcança em profundidade as nossas necessidades e conflitos e tem o poder para trazer harmonia. Ele é o príncipe da Paz!

Capítulo 37

A Construção da Personalidade

"Quando a base da personalidade é fortalecida por conceitos cristãos, essas características farão a diferença na dinâmica da personalidade adulta".

O termo "personalidade" é utilizado para definir o conjunto de características, físicas, mentais, espirituais, sociais e emocionais que formam a individualidade de uma pessoa.

É comum ouvirmos as expressões: "Ele tem pouca personalidade" ou "Fulano não tem personalidade" ou, ainda "Ela é uma grande personalidade". Essas referências, na verdade, correspondem às características de auto-afirmação, capacidades de liderança ou de decisão que as pessoas possuem ou demonstram ter.

Quando nascemos nossa personalidade não vem pronta e acabada, mas evolui e se transforma, conforme as experiências que vivenciamos.

A criança já nasce com potencial físico, inteligência e temperamento. Esses elementos são a matéria-prima para o desenvolvimento da personalidade. O crescimento acontece sob a influência de dois conjuntos de fatores: interno que se refere à hereditariedade e maturação; e externo, relacionado ao ambiente social e alimentação.

Hereditariedade é a herança individual que cada criança recebe dos pais ao ser concebida: estrutura básica de corpo, inteligência e temperamento.

Maturação é o relógio biológico de cada um de nós. Influi no desenvolvimento desde o nascimento até a vida adulta. Garante o processo de mudança do organismo de dentro para fora, determinando a prontidão para aprender a falar, andar, etc.

A nutrição é um fator fundamental na infância para um desenvolvimento saudável.

Ambiente social inclui a família, escola, a igreja e classe social. Dependendo do ambiente em que a criança vive, ela terá mais ou menos oportunidades educacionais para um crescimento saudável.

Quando a criança passa por situações em que as condições de vida são precárias, o desenvolvimento da sua personalidade pode ficar comprometido.

A nossa personalidade é única. Não existem duas pessoas iguais. A combinação das características que a compõe evidenciam as diferenças individuais. Essas diferenças têm justificado inúmeros conflitos pessoais, separações entre casais, pais e filhos, irmãos e amigos. É a chamada "incompatibilidade de gênios". Entendemos que Deus nos fez diferentes uns dos outros para que nos enriquecêssemos, por meio do respeito e da compreensão, ingredientes raros numa convivência sem Cristo (1 Co 13.4,5).

A personalidade é responsável pela nossa maneira de ser e do nosso ajustamento ao ambiente. Sua construção começa muito cedo. Antes do nascimento a criança poderá ser influenciada pelas reações positivas ou negativas de aceitação ou rejeição que a mãe produzirá frente à gravidez.

Ao nascer, em seus contatos com a mãe, ela dará início ao processo de socialização. Desde então, a criança passa a obter a satisfação de suas necessidades e. A família é responsável por lhe transmitir valores morais e espirituais por intermédio da interação, reproduzindo o meio em que vivem.

É hora de começar a plantar sementes dos valores cristãos no coração deles, acompanhando-os sempre com oração. Quando a base da personalidade é fortalecida por conceitos cristãos, essas características farão a diferença na dinâmica da personalidade adulta. "Instrui o menino no caminho em que deve andar, e, até quando envelhecer não se desviará dele" (Pv 22.6).

Por meio das experiências vivenciadas e interação com pessoas queridas, a criança forma uma relação afetiva, adquire o sentimento de segurança, desenvolve noções de regras e limites, e fortalece, de forma gradativa e consistente, os seus traços de caráter.

Quando atinge a idade escolar ela amplia o número de contatos externos. A sua capacidade mental para compreender o mundo à sua volta vai sendo ampliada bem como a sua percepção, imaginação e criação. Nesse momento, compreender, instruir e disciplinar a criança, com base na orientação cristã, será altamente proveitoso para a estruturação formativa da sua personalidade cristã (Pv 3.11,12).

A personalidade cristã possui traços de caráter cujo modelo é Cristo. Influenciados pelo Espírito Santo, produzimos frutos que refletem o nosso caráter cristão (Gl 5.22).

O período da adolescência é marcado pela reorganização da personalidade. É uma fase de transição em que o adolescente deixa de encarar o seu meio social como criança e ainda não possui o status de adulto para as suas funções e papéis.

A principal preocupação do adolescente é firmar a sua identidade e o fortalecimento do autoconceito. Dependendo do temperamento, grau de conflito em relação aos valores vivenciados quando criança, e a maneira como interpreta a sua realidade, ele enfrentará os desafios com maior ou menor grau de segurança.

À medida que vai se tornando adulto as características da personalidade vão se fixando. Porém, por meio da flexibilidade, que é um dos elementos da nossa personalidade, é possível mudar alguns aspectos.

A Bíblia Sagrada é o manual para os cristãos. Nela podemos encontrar orientações sobre como manter uma personalidade cristã preservada em suas melhores características e também boas influências para melhorá-la.

Grandes homens da Bíblia tiveram suas personalidades influenciadas pelo Espírito Santo. Moisés, no Antigo Testamento; e Pedro e

Paulo, no Novo Testamento, estão entre os exemplos de homens de fé.

Aprimorar aspectos da nossa personalidade, como sugere Sullivan, é "um processo contínuo de adaptação". Na Bíblia, "a vereda do justo é como a luz da aurora que vai brilhando mais e mais até ser dia perfeito" (Pv 4.18).

Sem dúvida, lendo a Palavra de Deus e permitindo que o Espírito Santo trabalhe em nós por meio de um contato perfeito e verdadeiro de comunicação com o Pai, podemos ser modificados e aprimorados, da mesma maneira como os exemplos mostrados na Bíblia. Pedro chegou a dizer: "Fomos gerados de novo", ou seja, totalmente modificados (1 Pe 1.3). E o apóstolo Paulo complementa em Efésios 4:13: "Até que todos cheguemos à unidade da fé e ao conhecimento do Filho de Deus, a varão perfeito, à medida da estatura completa de Cristo".

CAPÍTULO 38

Tempo de Renovar Propósitos

"Confiar em Deus é o melhor antídoto para sentimentos de derrota".

Ao iniciar cada ano somos naturalmente conduzidas a refletir. Um sentimento de gratidão pelas vitórias recebidas durante o ano que terminou toma conta de nossos corações, ao mesmo tempo em que sentimos expectativas em relação ao ano que começa.

As experiências vivenciadas fazem parte da nossa história. Algumas nos fazem chegar mais perto de Deus pela intensidade da alegria ou do sofrimento que nos trouxeram. Em todas as ocasiões, no entanto, podemos sentir o cuidado do Pai conduzindo nossas ações por caminhos seguros.

Nosso calendário nos leva a refletir sobre momentos distintos, especiais e importantes. Estabelecemos relação entre fatos ocorridos, ponderamos sobre outros e organizamos nossas propostas de ações futuras para conquistarmos melhores resultados.

Há mulheres que apresentam sérias dificuldades para elaborar suas experiências e projetam o futuro de maneira pouco saudável. Analisemos alguns exemplos:

Uma mulher de aproximadamente trinta anos queixa-se de "nervosismo" e apresenta indícios de ansiedade, como agitação e insônia. Demonstra, também, sintomas físicos como palpitações e distúrbios digestivos. Ela reage exageradamente aos pequenos problemas que surgem em sua vida, tem pesadelos e está sempre aborrecida. Explica que tudo começou quando passou a assistir, com interesse, noticiários e filmes, entre outros programas de televisão relacionados aos dramas humanos, situação econômica e violência.

Embora sua situação financeira seja estável e o seu casamento harmonioso, para ela o ano novo é altamente ameaçador com previsões que despertam muitas preocupações e medos. Agrava-se, a cada dia, em sua vida, a imagem da sombra em lugar da luz. Todos esses sintomas, gerados pela incerteza que absorve dos meios de comunicação, podem caracterizar uma neurose de ansiedade.

Outro caso é o de uma jovem solteira de 24 anos, que concluiu o curso superior, quer trabalhar e ser feliz. O problema é que ela já está cansada da "vidinha" simples que leva. Afinal, agora é uma profissional. Quer comprar boas roupas, é fascinada pelo consumismo e mordomia, e todo o autocontrole que apresentou até o presente parece ter dado lugar a um comportamento compulsivo para gastar muito dinheiro, mesmo sem ter conseguido um emprego.

Essa jovem vê o ano novo com muitos sonhos. Vive a fantasia do sucesso imediato, sem a ponderação necessária para traçar comportamentos norteados por valores que incluem paciência e moderação. Com certeza, suas atitudes trarão muitos prejuízos e frustrações.

Uma senhora de 44 anos, crente em Jesus, após um exame médico de rotina, foi alertada de um pequeno caroço em um de seus seios. Os exames comprovam a necessidade de uma cirurgia. Ela foi operada e está sendo submetida ao tratamento com quimioterapia. Ficou abatida, mas encontrou motivos para agradecer a Deus por sua vida e pelo cuidado que o Senhor lhe dispensa.

Para ela, o ano novo significa oportunidade. Apesar de tudo o que lhe sobreveio repentinamente, sabe que olhar o futuro com otimismo, confiando em Deus, é o melhor antídoto para sentimentos de derrota. Ela quer aproveitar cada minuto para estar na presença de Deus e ser útil, usando seus talentos, para continuar sendo esposa e mãe dedicada.

Como podemos notar nesses três casos, as diferenças individuais e a forma como a realidade é interpretada, a partir também de influências externas, traçam um perfil da visão de cada uma delas para o novo ano.

No primeiro caso, alguma predisposição do próprio organismo, associado a influências absorvidas diariamente dos meios de comunicação, faz com que a mente da mulher esteja a maior parte do tempo em função de temas preocupantes e tristes. É muito importante que nossos pensamentos estejam voltados para assuntos diversificados e saudáveis.

Como filhas de Deus, temos muitas bênçãos para lembrar e agradecer. Estar informada sobre tudo o que acontece é importante, desde que coloquemos o Senhor no centro do nosso viver, lembrando que a confiança e fé que temos nEle nos trazem descanso. Assim, permitimos que os pensamentos fluam como um rio, que corre normalmente; evitamos "inundações" mentais e a entrada de "detritos" ou informações que tendem a contaminar nossa mente. Quando esse tipo de interferência acontece, nossa dinâmica fica comprometida, impedindo uma vida mental, física e espiritual saudável.

No segundo caso, a imaturidade, despreparo e imprudência para lidar com as próprias bênçãos recebidas podem levá-la a perder de vista o caminho para a vitória completa e comprometer sua visão da realidade. Podemos sonhar coisas boas, mas sem divagar em fantasias que estão longe da nossa realidade e daquilo que Deus, no tempo certo, tem preparado para cada uma de nós (Sl 90.12).

O terceiro caso traz o exemplo de uma mulher que, apesar dos momentos difíceis que atravessa, não permitiu que sua fé em Deus fosse abalada. Ela foi capaz de olhar o ano novo com coragem, mesmo em meio à dor, pois sabe que Deus a fará vencedora. Com certeza, este perfil de mulher, bem como o de tantas outras, nos sinalizam a possibilidade de viver com graça e sabedoria.

A despeito de qualquer circunstância, é tempo de renovar propósitos! Para isso, é fundamental sair da teoria e partir para a prática, pois é necessário empenho para alcançar objetivos. Que tal valorizar a organização do tempo administrando-o com sabedoria, priorizar atividades, estabelecer metas e manter a motivação para alcançá-las?

Imprescindível, no entanto, é convidar o Senhor para orientar nossos passos. Com Ele, há segurança, há paz, há vitória. "O coração do homem, considera o seu caminho, mas o Senhor lhe dirige os passos" (Pv 16.9).

Capítulo 39

A Arma Secreta

"Só podemos ter fé em alguém que conhecemos. Nossa fé em Deus depende do grau de conhecimento e confiança que temos nEle. Sem um contato íntimo com o Pai não é possível conhecê-lo".

Uma das virtudes mais importantes para o cristão é a fé. É uma virtude que produz efeitos. É eficaz porque nos leva a crer no que não podemos ver no momento mais esperamos alcançar. "Ora, a fé é o firme fundamento das coisas que se esperam e a prova das coisas que se não vêem" (Hb 11.1). Além de virtude quero levá-las a refletir sobre a fé como arma de defesa e ataque. "Tomando sobretudo o escudo da fé, com o qual podereis apagar todos os dardos inflamados do maligno" (Ef 6.16).

A nossa dinâmica pessoal é originada pela integração dos sistemas ou dimensões da personalidade. Compreende o físico, o emocional, o temperamento e o caráter subjetivo, ou simplesmente, espírito, alma e corpo.

Nossa atuação diária implica em expressões de comportamento nas quais buscamos sempre alcançar um objetivo, seja a solução de um problema especial, a conclusão de uma atividade da rotina ou ainda atender a outros compromissos que estão incorporados em nosso cotidiano. Na verdade, diariamente, ao acordarmos, preparamo-nos para uma batalha. Não sabemos o que acontecerá naquele dia. No entanto, experimentamos situações inesperadas, tentações, conflitos, e vivências naturais que precisam ser enfrentadas. Além disso, existem forças invisíveis no mundo espiritual que podem nos atacar. Somos impotentes para lutar contra elas com armas físicas ou psicológicas. Porém, nessa batalha, a fé é poderosa. Ela funciona como escudo para destruir os dardos inflamados que o Inimigo arremessa contra nós.

Os exércitos espirituais da maldade, conforme relata a Bíblia, poderão influenciar nosso caminhar pelas astutas ciladas que o Maligno prepara, usando pessoas e situações, e aproveitando brechas – às vezes pequenas, mas suficientemente espaçosas para a sua atuação.

Satanás, perspicaz, descobre nossos pontos vulneráveis para explorá-los. "Sede sóbrios, vigiai, porque o diabo, vosso adversário, anda em derredor, bramando como leão, buscando a quem possa tragar; ao qual resisti firmes na fé, sabendo que as mesmas aflições se cumprem entre os vossos irmãos no mundo" (1 Pe 5.8,9).

Podemos desenvolver e alimentar pontos fracos que poderão se transformar em brechas, por meio das quais o Inimigo tentará nos atingir. Nossas características pessoais, quase sempre as mais marcantes, são alvos para esse ataque. Consideremos algumas:

- Impulsividade — Agimos ou reagimos apressadamente. Com isso, não nos permitimos tempo para pensar ou ouvir qualquer orientação do Espírito Santo.

- Grande sensibilidade associada à imaturidade — Percebemos e interpretamos nossa realidade de maneira distorcida e nos machucamos com isso.

- Ambição exagerada, apego ao dinheiro e às coisas materiais — Nos levam a não observar prioridades trazendo, às vezes, prejuízos incalculáveis à integridade pessoal e contexto familiar.

- Atributos de beleza, orgulho e sensualidade — São brechas pelas quais muitos têm sido atingidos pelos dardos inflamados do Maligno. As setas malignas podem atingir também amizades, casamento, família e vida espiritual pela discórdia, confusão e interpretações distorcidas que elas provocam.

A fé faz parte da armadura do cristão. Sem ela, corremos sério risco de fracasso em nossas batalhas (Ef 6.10-20). Contudo, só podemos ter fé em alguém que conhecemos. Nossa fé em Deus depende do grau de conhecimento e confiança que temos nEle. Sem um contato íntimo com o Pai não é possível conhecê-lo. Ele é onisciente, onipresente e onipotente. A partir do momento que o conhecemos verdadeiramente, bem como suas características de personalidade divina, nasce em nós uma fé viva. Ela pode ser como um grão de mostarda, mas, como disse Jesus, deve ser viva, como é a pequena semente que plantada em boa terra faz crescer uma bela espécie de planta.

A fé viva no poder do Senhor é capaz de remover montanhas, atravessar túneis escuros da nossa vida e, como escudo, destruir os ataques de Satanás, fazendo-nos vencedores também espiritualmente. Jesus nos deu poder para vencer as forças do mal. "Eis que vos dou poder para pisar serpentes, e escorpiões, e toda a força do Inimigo, e nada vos fará dano algum" (Lc 10.19).

Não devemos esquecer também que a fé é um pré-requisito fundamental quando queremos agradar a Deus. "Ora, sem fé é impossível agradar-lhe" (Hb11.6a).

CAPÍTULO 40

A Personalidade das Filhas de Deus

"Como filhas de Deus nossa personalidade é cristã. Trazemos a marca de Jesus Cristo".

A autenticidade é uma propriedade que toda mulher busca ter. Na realidade, ser autêntica implica em harmonizar características pessoais e nortear ações e reações de tal forma que por meio das expressões, nas mais variadas situações da vida, possamos refletir o que somos de verdade. Estamos falando da personalidade.

Ao nascer, recebemos um nome que irá nos identificar ao longo de nossa existência. Somos seres personalizados. Nossas qualidades, defeitos, crédito, boa fama, bem como a falta de reputação e descrédito, podem estar intimamente ligados ao nosso nome. Recebemos também um sobrenome que é da família com a qual estamos ligados por parentesco.

Porém, a personalidade possui bases anteriores ao nome que recebemos: a hereditariedade. Nascemos tendo como "matéria-prima" para a construção da personalidade o físico, o temperamento e a inteligência. Tudo isso passa por lenta maturação e muitas condições interagem no seu desenvolvimento — essa transformação se dá com as experiências que vivenciamos no dia-a-dia.

Toda personalidade possui a sua própria história de vida e a sua própria existência. Especificamente, personalidade é definida como "a organização mental total de um ser humano em qualquer estágio de seu desenvolvimento. Abrange todos os aspectos do caráter humano, do intelecto, do temperamento, da habilidade, da moralidade e todas as atitudes constituídas durante a vida da pessoa" (H.C.Warren e L. Carmichael). É uma definição baseada na estrutura interna do ser.

Na verdade, tanto para leigos quanto para cientistas, é difícil compreender integralmente uma única personalidade. É mais difícil estudá-la do que estudar as estrelas do firmamento.

Personalidade é e faz algo. Ela pode ser influenciada pelo mundo que a cerca e, a cada passo, o influencia também. Nós, mulheres, refletimos nossa personalidade por meio de ações e reações. Tornamo-nos conhecidas e podemos também influenciar desde nossos familiares mais próximos até o ambiente em geral. A personalidade produz efeitos externos. A impressão que causamos aos outros e as suas respostas a nós são fatores importantes que interferem em nossa auto-imagem e auto-estima.

Durante a vida aprendemos a importância básica das relações pessoais. Desenvolvemos sensibilidades para entender as necessidades e atitudes de outras pessoas, alimentamos a intuição feminina que se manifesta nos julgamentos que fazemos das situações e dos nossos semelhantes. É possível a todas nós, tomarmos consciência da riqueza que possuímos e da responsabilidade em administrá-la de forma positiva.

Como filhas de Deus nossa personalidade é cristã. Trazemos a marca de Jesus Cristo e podemos afirmar como o apóstolo Paulo: "Desde agora, ninguém me inquiete; porque trago no meu corpo as marcas do Senhor Jesus" (Gl 6.17). Somos também influenciadas por Ele: "Já estou crucificado com Cristo; e vivo, não mais eu, mas Cristo vive em mim; e a vida que agora vivo na carne, vivo-a na fé do Filho de Deus, o qual me amou e se entregou a si mesmo por mim" (Gl 2.20).

Cristo possui características de personalidade que nós não possuímos porque são atributos divinos. Sua natureza divina faz com que

Ele seja onipotente: "E-me dado todo o poder no céu e na terra" (Mt 28.18); onipresente: "Porque onde estiverem dois ou três reunidos em meu nome, aí estou eu no meio deles" (Mt 18.20); e onisciente: "E não necessitava de que alguém testificasse do homem, porque ele bem sabia o que havia no homem" (Jo 2.25).

O nome de Jesus Cristo é sobre todo o nome. Ninguém possui um nome tão significativo quanto o nome de Jesus. Antes do seu nascimento, já no Antigo Testamento, os profetas trouxeram informações e expectativas em torno do seu nome: "Porque um menino nos nasceu, um filho se nos deu; e o principado está sobre os seus ombros; e o seu nome será Maravilhoso Conselheiro, Deus Forte, Pai da Eternidade, Príncipe da Paz" (Is 9.6).

Esses atributos conferem a Jesus a possibilidade de desempenhar papéis que nenhum ser humano tem condições. Enquanto nós somos limitadas pela nossa natureza humana, Ele possui poder para trabalhar o impossível. Atua como Profeta, Sacerdote e Rei.

Com todos esses atributos, nasceu numa humilde manjedoura e viveu como homem. Portanto, sabe entender o ser humano como ninguém. Desenvolveu o Seu ministério terreno demonstrando Seu poder e cumprindo a Sua missão. Morreu numa cruz sem merecer a fim de possibilitar a nossa salvação eterna e ressuscitou da morte.

Temos um Cristo vivo que voltou aos céus, mas que está presente em nossa vida, fazendo com que sua personalidade apareça em nós e influencie nossa maneira de ser e agir. Assim, com certeza, nossa personalidade ganhará mais autenticidade e refletiremos a paz e a felicidade que o poder do seu nome proporciona.

Seja autêntica. Não perca a oportunidade de fazer com que a sua vida seja enriquecida com a presença de Jesus.

Capítulo 41

A Sabedoria da Mulher Cristã

"Sabedoria é a capacidade de discernir,
compreender e agir no momento certo
e da melhor maneira possível".

Parece muito forte a expressão bíblica que atribui à mulher uma influência incomum no lar: "Toda mulher sábia edifica a sua casa, mas a tola derriba-a com as suas mãos" (Pv 14.1). Observando atentamente esse versículo, concluiremos que não se trata de uma simples dedução, mas uma afirmação categórica, pois não oferece margem para interpretação alternativa ou paralela.

O autor sagrado faz questão de deixar claro que a influência da mulher é extremamente forte. Se ela for sábia, edificará o lar; se tola, acabará por destruí-lo. Isso implica numa grande responsabilidade para todas nós.

Que influência eu exerço em meu lar? Será que faço o suficiente para ser considerada alguém capaz de construir? Ou tenho colecionado rótulos e estigmas que bloqueiam minha atuação como mulher sábia?

A sabedoria é uma capacidade que Deus coloca à nossa disposição. Por isso, não podemos nos queixar, alegando não saber onde encontrá-la. A Bíblia é muito clara quando trata do assunto. Se alguém tem falta de sabedoria peça ao Senhor que a todos dá liberalmente e não o lança em rosto (Tg 1.5).

Sabedoria é a capacidade de discernir, compreender e agir no momento certo e da melhor maneira possível. Por conseguinte, a mulher sábia conhece e pratica o que é conveniente. Ela está ciente de que é necessário refletir com serenidade antes de tomar qualquer decisão.

Há diferenças significativas entre as mulheres tolas e as sábias. A tola é a mulher que só age por impulsos ou que simplesmente tudo racionaliza, usando de uma ótica puramente humana para interpretar a vida e tudo o que lhe diz respeito como relacionamentos e problemas.

Agir assim significa ser sábia aos próprios olhos e desprezar os conselhos que encontramos na Palavra de Deus, o que é muito perigoso (Is 5.21). Tendo em vista nossas limitações, podemos distorcer valores e agir de maneira egoísta se nortearmos nossas ações somente pelas operações intelectuais. É necessário buscar, em primeiro lugar, a orientação divina.

Refletindo de forma abrangente nessa passagem vemos que o corpo, enquanto "casa" ou "templo", também pode ser edificado ou destruído. Na verdade, grande é a responsabilidade quanto aos cuidados que devemos ter em relação a nós mesmas. Afinal, nosso corpo é templo do Espírito Santo. Ele habita em nós e não somos mais de nós mesmos (1 Co 6.19).

Cuidemos, pois, de nosso corpo, alma e espírito, levando em consideração as necessidades para nossa existência. Conservemos a saúde mental, espiritual e física. Assim, estaremos mais dispostas e motivadas a realizar as atividades que nos impõem os papéis que temos a desempenhar.

Para alcançarmos uma visão clara dos problemas que nos cercam é imperativo que aprendamos a pensar com a mente de Cristo (1 Co 2.16). Mas para tanto, precisamos de tempo para ponderar, avaliar e considerar a vontade de Deus. É necessário examinar as coisas com critérios bem definidos e em conformidade com os valores divinos. É o que recomenda o apóstolo Paulo: "De sorte que haja em vós o mesmo sentimento que houve também em Cristo Jesus" (Fp 2.5).

De que forma é possível mostrar nossa sabedoria no dia-a-dia? A resposta vem de Tiago: "Quem dentre vós é sábio e inteligente? Mostre, pelo seu bom trato, as suas obras em mansidão de sabedoria" (Tg 3.13). Ele ainda acrescenta: "Mas a sabedoria que vem do alto é, primeiramente, pura, depois, pacífica, moderada, tratável, cheia de misericórdia e de bons frutos, sem parcialidade e sem hipocrisia" (v. 17).

Agir com sabedoria no lar é fundamental para obter grandes vitórias (Pv 31.10-31). É claro que o marido deve também buscar e exercer a sabedoria que vem do alto, pois é o chefe e o sacerdote da família. Se o marido e a mulher se pautarem segundo esse padrão, o lar funcionará como uma máquina bem ajustada e azeitada. Não haverá atrito. A unção do Espírito Santo se encarregará de trazer a benção e a harmonia para todos.

Aperfeiçoemos-nos sempre e dediquemos nosso tempo a orar e a ler a Bíblia. Quem ouve a Palavra de Deus e as pratica é comparado ao homem prudente que edificou a sua casa sobre a rocha. As tempestades não conseguem derrubá-la porque ela está bem alicerçada (Lc 6.48-49).

Com a sabedoria que vem de Deus, podemos edificar nossa casa e fazer de nosso lar um lugar agradável e alegre, um verdadeiro refúgio. Jamais nos esqueçamos desta recomendação do apóstolo Paulo: "Portanto, vede prudentemente como andais, não como néscios, mas como sábios, remindo o tempo, porquanto os dias são maus" (Ef 5.15,16).

Capítulo 42

Santidade

"O Espírito Santo é capaz de purificar nosso coração de desejos e inclinações más. Conscientes disso, precisamos resistir e permitir a sua atuação".

Santidade é a qualidade ou estado daquele que é santo. Etimologicamente, significa ausência ou separação de tudo o que é impuro ou pecaminoso. Santidade é resultado do processo de santificação.

Santificação — do grego *hagiasmos* — é o processo de se tornar santo. Implica em uma participação ativa e constante da pessoa, e é abrangente. Atinge espírito, alma e corpo, processando-se de dentro para fora (2 Co 7.1; 1 Ts 5.23). Os versículos mencionados nos exortam a refletir sobre o valor que temos para Deus.

Fomos escolhidas por Ele para uma vida santa (Jo 15.16). Nosso corpo e espírito pertencem a Deus (1 Co 6.20). Porém, o compromisso com o Senhor implica em seguir novos padrões de comportamento, pois o corpo é templo do Espírito Santo. Assim, devemos cuidar dele por dentro e por fora com muito critério para que seja edificado de tal forma que por ele glorifiquemos a Deus (1 Co 6.15).

Por meio da salvação, pelo sangue de Jesus, nossa natureza pecaminosa é transformada. Deixamos de ser escravas do pecado e passamos a ser participantes da natureza divina porque somos filhas de Deus (Rm 8.13)

Desta forma, os desejos impuros, a busca por prazeres pecaminosos, a gratificação sensual, e outras concupiscências, serão sanadas e em seu lugar irá aflorar um grande prazer pela íntima comunhão com Deus (2 Co 6.17,18). Quando vivemos em espírito andamos também em espírito (Gl 5.25).

No Antigo Testamento, encontramos a importância da santidade para homens e mulheres. Deus sempre, em todos os tempos, esperou que separadas do mundo, por meio de nossas expressões de comportamento e manifestações na sua obra, evidenciássemos a sua natureza divina (Lv 11.45).

Santidade como ordem do próprio Deus

Deus fala com Moisés no Monte Sinai sobre exclusividade e santidade do seu povo (Êx 19.6). Em Levítico 11.45, o Senhor declara o seu poder e ordena que sejamos santos, pois Ele é santo. No capítulo 19.2, Deus coloca a santidade como mandamento a Israel.

No Antigo Testamento, observamos mulheres com as mais diversas características. As que buscam a Deus procurando santificar suas vidas. Como exemplo citamos Sara, esposa de Abraão. Apesar de suas fraquezas, foi honrada por Deus, considerada a mãe das nações (Gn 17.15-16), e foi lembrada na galeria dos heróis da fé como alguém que creu na promessa de Deus (Hb 11.11). Ana, mãe de Samuel, santificou sua vida no altar de Deus e foi recompensada com vitória (1Sm 1.15).

No Novo Testamento, a santidade é colocada como pré-requisito para as filhas de Deus. A santificação é uma ordem ou mandamento (Hb 12.14 e 1Pe 1.16). A Bíblia exorta o crente à santificação (Rm 6.2-19; 2Co 7.1; 1Tm 1.5). Em 1Tessalonicences 4.3-7 observamos a vontade imperativa de Deus para a vida da mulher cristã. O Senhor nos elegeu e espera que sejamos exclusivamente dEle como nos apresenta os textos de Efésios 1.4 e 2Ts 2.13.

A santificação é o resultado da salvação. Quando aceitamos Cristo, a graça divina opera em nossa vida, resultando em pureza. Abandonamos a vida velha, as práticas mundanas, e passamos a viver separadas do mundo e do pecado em constante renovação (2Co 5.17). É um processo possível e necessário.

É uma opção pessoal experimentar a boa, agradável e perfeita vontade de Deus para a nossa vida. Para isso, é preciso que haja transformação e renovação do nosso entendimento a fim de que não nos deixemos influenciar pelos falsos modelos de comportamento que a sociedade apresenta (Rm 12.2).

Quando o amor de Deus enche os nossos corações, queremos que a sua vontade prevaleça em nós. Sentimos necessidade de um contato mais íntimo com Deus, buscando estar cheias do Espírito Santo. Somente pelo poder do Espírito Santo é possível viver para agradar a Deus (Rm 8.2).

O Espírito Santo é capaz de purificar nosso coração de desejos e inclinações más. Conscientes, precisamos resistir e permitir a sua atuação. Caso contrário, haverá ameaça à vida espiritual, pois o pecado, sendo consumado, gera a morte (Tg 1.14). A santificação é imprescindível na vida da mulher cristã. Sem santificação ninguém verá o Senhor (Hb 12.14).

Efeitos da santificação

- Nossa percepção, elaboração mental, interpretação da realidade e expressões de comportamento são influenciadas pelo Espírito Santo que nos orienta e guia. Assim a vontade de Deus se torna clara para nós.
- Pela santificação nos tornamos parecidas com Cristo, úteis ao próximo, por intermédio do serviço cristão, e nossa vida honra a Deus.
- A mulher cristã santificada produz frutos e é semelhante a uma espécie de árvore, conforme relata Mateus 7.17.
- A santificação reflete Cristo e está enxertada nEle (Jo 15.5).

- Por meio da santificação possuímos discernimento para nos desviarmos do mal e da aparência do mal (Pv 16.17).
- A santificação desenvolve a visão espiritual e possibilita discernir os propósitos de Deus para sua vida, selecionando comportamentos que agradam a Deus.
- A comunhão com Deus cria distância entre as práticas que são pecaminosas e valores cristãos distorcidos, bem como os costumes mundanos (1 Jo 2.15-16).

É dever da mulher cristã permanecer com modéstia na fé, amor e santificação (1Tm 2.15). Devemos vigiar e estar alertas para nos mantermos pura. É primordial não perder de vista o objetivo de permanecer seguro à imagem dAquele que nos criou (Cl 3.10).

A mulher cristã não deve manter comunhão espiritual com quem vive voltado para os prazeres do mundo, como orienta 2Co 6.14. A Bíblia nos alerta, em João 16.33 e Mateus 5.10-12, que podemos sofrer tribulações e perseguições por fazer a vontade de Deus e buscar a santificação. Mesmo assim, valerá a pena investirmos na qualidade de nossa vida espiritual.

CAPÍTULO 43

Motivações

"O ponto de partida das motivações da mulher cristã é saber entender e interpretar a vontade de Deus para a sua vida"

Motivação é o termo utilizado para designar a força interna que ativa o organismo, tendo como resultado ações ou reações. É considerada pelos estudiosos do comportamento humano como a "mola propulsora", responsável por impulsionar e manter ações organizadas em direção a um objetivo, até alcançá-lo.

Segundo Abraham Maslow, a motivação nasce no interior da pessoa, a partir das forças de crescimento, ou de uma necessidade, importância ou valor que atribuímos ao objetivo que queremos conquistar. Quando a necessidade é satisfeita, i.e., a nossa meta é alcançada, encontramos satisfação, diminuição do impulso para a ação, até que de novo, a necessidade se faça presente.

Maria, de Betânia, irmã de Marta e Lázaro, foi uma mulher imortalizada por Cristo. Ela possuía características que demonstravam o seu grande amor por Jesus (Mc 14.8-9). A sua motivação maior era ficar junto de Jesus, que supria todas as suas necessidades.

Maria era receptiva às coisas espirituais (Lc 10.39) e capaz de discernir prioridades. Enquanto Marta estava preocupada com os afazeres, para servir o Mestre, Maria estava aos pés de Jesus para ouvi-lo e aprender com Ele (Lc 10.39-42). Ela demonstrava ser resignada (Jo 11.20) e prostrou-se aos pés de Jesus para ser consolada por Ele (Jo 11.32) assim como para servi-lo (Jo 12.3).

Quando amamos alguém de uma maneira especial, queremos que essa pessoa saiba disso. Maria, pelo seu grande amor a Jesus – e entendendo pelas próprias palavras dEle, que o teria por pouco tempo, pois falava sobre a sua morte – e tomou um perfume caríssimo e ungiu os pés de Jesus. Em seguida, enxugou-os com os seus cabelos.

Jesus recebeu esta significativa demonstração de carinho e reconheceu a devoção de Maria, declarando que onde quer que o Evangelho fosse pregado, o gesto dela também seria lembrado (Mt 26.13).

A motivação é um determinante interno, i.é, que se processa no interior da pessoa. É difícil interpretá-la fielmente apenas pelas observações das ações ou reações de alguém.

Jesus esteve e está preocupado com os verdadeiros motivos das nossas ações, às vezes tão ocultos. Enquanto nós somos limitadas, Jesus, com características divinas, pela sua onisciência, é capaz de interpretar as reais intenções do coração humano, ou seja, os motivos geradores dos nossos comportamentos (1 Rs 8.39; 1Cr 28.9; Jr 17.10; Sl 33.15; 1Sm 16.7; At 1.24).

Maria de Betania teve o seu comportamento interpretado de maneira diferente por Judas – que a observava e condenava a sua ação – e por Jesus, que além de observá-la, sondou seu coração, aceitou e elogiou a sua atitude.

Jesus enxergou o amor de Maria como motivo, apesar do desperdício que Judas evidenciou (Jo 12.4-8). Em alguns casos, inúmeros motivos podem interferir na conduta, mas um deles, o mais forte, acaba impulsionando as pessoas para uma mesma ação, por motivos diferentes.

Quando Jesus esteve na Terra cumprindo o seu ministério, uma multidão o seguia sempre. Aparentemente, todos tinham a mesma ação, mas os motivos eram diferentes. Havia quem o seguisse porque o amava, como é o caso dos discípulos (Mc 10.28). Muitos desejavam ver os milagres que Ele realizava e traziam também os enfermos para serem curados (Mc 1.27, 32-34, 3.7-12; Mt 8.16, 17; Lc 4.40-41). Outros, porém, o seguiam procurando pegá-lo em algum deslize contra a Lei, como escribas e fariseus (Mt 9.11, 9.3; Mc 2.16, 3.2,22; Lc 11.14-23). Já a mulher que possuía o fluxo de sangue desejava a cura para sua enfermidade. A importância daquela necessidade impulsionou-a a vencer obstáculos para chegar até Jesus e tocar em suas vestes. Ela foi curada e teve o seu anseio satisfeito (Mt 9.20).

Um grupo de mulheres motivadas pelo amor a Jesus foi ao sepulcro, levando especiarias para preparar o corpo de Jesus e embalsamá-lo. Não esperavam que Ele houvesse ressuscitado (Mt 28.1-8; Mc 16.1-8; Lc. 4.1-11; Jo 20.1-3).

Agar foi abandonada com seu filho e desprezada. Não possuía aparentemente nenhuma motivação para continuar vivendo, andando errante no deserto de Berseba. Sua motivação era estar distante do filho o suficiente para não vê-lo morrer de sede. Deus, então, mandou seu anjo falar com ela. Agar sentiu-se motivada para viver e criar seu filho, após entender o plano que Deus tinha para ambos (Gn 21.14-19).

Em Mateus 15.21-28 lemos a história de uma mulher Cananéia que, motivada pela fé no poder de Jesus, venceu barreiras e chegou até Ele. Buscava a libertação de sua filha e alcançou a vitória.

Assim como estas mulheres e tantas outras, nós também podemos nos sentir motivadas para enfrentar as experiências diárias usando a fé e a confiança em Deus como elementos mantenedores do nosso entusiasmo. Grandes vitórias servem como referencial para novas motivações.

Jesus era motivado, muitas vezes, pela compaixão. Movido por grande compaixão, curou um leproso (Mc 1.41) e multiplicou pães (Mc 6.30-44 e 8.2). O ponto de partida das motivações da mulher cristã é saber entender e interpretar a vontade de Deus para a sua vida. Em seguida, os maiores motivos que impulsionarão as suas ações serão direcionados para alcançar o objetivo que refletirá a vontade de Deus. Para tanto, é importante que por meio da consagração de nossas vidas ao Senhor, renovemos o nosso entendimento para compreendermos a boa, agradável e perfeita vontade de Deus (Rm 12.2).

A mulher cristã é caracterizada pela sensibilidade procedente do amor de Deus, que faz com que ela vivencie todos os seus papéis de tal maneira que as suas vontades estejam em harmonia com a vontade de Deus. Jo 14.15).

A mulher cristã não se despersonaliza ao pautar suas ações na vontade de Deus, antes a enriquece refletindo Cristo em seu viver (Gl 2.20; Tt 2.12; 2Co 5.15; 1Pe 4.2).

A mulher cristã não fica apática quando faz a vontade de Deus, i.é, não ganha uma patologia da própria vontade, mas pela presença de Cristo desfruta serenidade interior e paz suficiente para interpretar suas experiências sob a ótica divina (Sl 119.165; Is 26.3; Jo 14.27; Jo 16.33; Ef 2.14). Ela consegue se manter impassível às vicissitudes, aceitando com coragem as situações naturais da vida como dor, sofrimento e morte (Sl 23.1-4; 1Co 13.4; Tg 1.12).

Muitas mulheres perdem completamente a motivação. Olham somente para as dificuldades. A própria tendência humana leva a essa situação. Em conseqüência, sentem diminuição sensível das capacidades para refletir, decidir e fazer (1Pe 1.14).

A mulher cristã deve estar prudentemente alerta aos ataques de Satanás. Ele é enganador e alimenta motivações para atitudes que desagradam a Deus (At 5.13). Eva deu atenção à serpente e se deixou influenciar desobedecendo a Deus e comendo o fruto proibido (Gn 3.1-6).

Muitas vezes para ter aprovação humana, somos motivadas a fazer atividades, buscando capricho e perfeição. É louvável que o nosso comportamento seja impecável para Glória de Deus. Que todos os nossos motivos sejam para ações que nos levem a ter a aprovação não só dos homens, mas, principalmente de Deus (Gl 1.10; Ef 6.6; 1Ts 2.4).

Ao permitimos que o Espírito Santo atue em nosso interior, o exterior refletirá os efeitos. Pela fé em Jesus, ganhamos motivações para entender o plano de Deus para a nossa vida e também para torná-lo viável e prático.

Capítulo 44

Pronta Para os Desafios

*"Uma vida espiritual rica,
com orientação de Deus, por sua
onipotência, onipresença e onisciência
fará diferença, trará orientação segura
e nos fará superar os limites humanos".*

Nós, mulheres cristãs, vivendo em pleno século XXI, reconhecemos a necessidade de uma vida ativa e buscamos desenvolver nossos talentos para melhor utilizá-los no desempenho dos diversos papéis que exercemos. Para isso, contamos com conceitos bíblicos que são verdadeiros tesouros e, quando encontrados, valorizados e colocados como ponto de partida para essa atuação, tornam-se responsáveis por nosso sucesso.

Fomos criadas por Deus com um propósito especial (Sl 139.14-16). Ele dotou-nos com inteligência geral e aptidões específicas, talentos, sensibilidade, capacidade para amar e ser amada e também para fazer escolhas e tomar iniciativas. Com este perfil parecem completos os ingredientes necessários e suficientes para uma vida plena. Porém, tudo isso longe da interpretação divina é mera racionalidade. Como fomos criadas por Deus com espírito, alma e corpo, não podemos descuidar de nenhuma dessas áreas.

Numa reunião de mulheres, a palestrante, numa demonstração prática, pegou um vaso de boca larga e colocou dentro, primeiramente, algumas pedras grandes. Em seguida perguntou:

— Está cheio?

Ao que a platéia respondeu:

— Sim!

A palestrante então despejou pedregulhos dentro do vaso. Os pequenos pedregulhos se alojaram nos espaços entre as pedras grandes. Novamente ela perguntou:

— E agora, está cheio?

Algumas mulheres se mostraram hesitantes, mas a maioria respondeu afirmativamente. A palestrante, então, derramou areia dentro do vaso. A areia preencheu os espaços entre as pedras e os pedregulhos. E, pela terceira vez, perguntou:

— Está cheio?

Agora, a maioria das mulheres estava receosa, mas, novamente boa parte respondeu afirmativamente. Finalmente, a palestrante despejou água dentro do vaso. A água encharcou e saturou a areia. Nesse ponto, perguntou qual era o objetivo da demonstração. Uma das participantes levantou a mão e respondeu:

— Não importa quanto a "agenda" da vida de alguém esteja cheia, ela sempre conseguirá espremer dentro, mais coisas!

Diante da resposta a palestrante esclareceu:

— Se você não colocar primeiro as pedras grandes dentro do vaso, nunca mais conseguirá fazê-lo. As pedras grandes são as coisas realmente importantes de sua vida como seu crescimento espiritual, que se dá por meio da oração e leitura bíblica. Se priorizar essa área dará oportunidade para que Deus lhe oriente, inclusive para que as demais coisas se ajustem satisfatoriamente, como seus relacionamentos, suas obrigações profissionais, atribuições como mãe, esposa e serva do Senhor, e todas as demais coisas que completam a vida. Porém se você preencher sua vida somente com as coisas pequenas, aquelas que são realmente importantes nunca terão espaço (Mt 6.33).

Uma vida espiritual rica, com orientação de Deus, por sua onipotência, onipresença e onisciência fará diferença, trará orientação segura e nos fará superar os limites humanos. Quando andamos em espírito refletimos os frutos através de nossas ações (Gl 5.22).

O perfil da mulher cristã pronta para enfrentar desafios pode ser assim delineado:

- Ela é plena de possibilidades. Identifica o seu potencial e conhece seus limites (Ec 9.10a).
- Sabe que o temor do Senhor é o princípio da sabedoria (Tg 1.5; 3.17).
- Tem fé em Deus e confia nEle (1Jo 5:4b).
- Possui humildade para se colocar na posição de serva.
- Tem autocontrole e flexibilidade para aprender sempre.
- Interpreta as suas experiências, oportunidades e desafios sob a ótica de Cristo. Vive o cristianismo e não o tem só como rótulo (1Co 2.16).
- Conhece a importância da prudência (Ef 5.15,16; Pv 19.14).
- Atua de tal maneira que o Senhor Jesus é glorificado através de seus atos.

Que Cristo seja sempre a nossa grande motivação e a sua presença em nós a força espiritual que rompe barreiras e abre caminhos (Êx 33.14).

Capítulo 45

O Ciúme

"De todas as emoções que uma mulher pode sentir, talvez a mais dolorosa seja o ciúme. É uma reação intensa, que pode desencadear comportamentos agressivos até em pessoas calmas"

O ciúme, como efeito colateral do amor humano, causa inúmeros prejuízos aos relacionamentos. Homens, mulheres, crianças e adolescentes não escapam a esse sentimento. Genericamente é uma reação intensa, um estado interior de alarme, que demonstra, às vezes, o excesso de zelo para garantir posse do que é seu.

Zelar e cuidar atenciosamente dos relacionamentos não significa desenvolver um ciúme obsessivo em relação às pessoas a quem amamos. A afetividade faz parte da nossa estrutura básica de personalidade. É a base da vida psíquica, pois agrupa todas as reações da alma. Graças a afetividade nos ligamos aos outros, ao mundo e a nós mesmos.

Grande parte das expectativas das pessoas está centrada na satisfação da necessidade básica do ser humano que é amar e ser amado. Amor é a palavra que mais ouvimos. Sem amor as pessoas não podem viver. Por existir diversas maneiras de amar, as pessoas se perdem nesse sentimento e sofrem as conseqüências que o amor humano pode causar. O amor é também o tema principal da maioria das queixas que ouço no meu trabalho. Parece paradoxal, mas o amor humano simplesmente provoca muito ressentimento, frustração e infelicidade por ser vivenciado conforme os padrões humanos.

O ciúme pode expressar diferentes causas ou motivos. Na criança, é conseqüência da própria imaturidade. A realidade que ela conhece é o seu pequeno mundo, no qual ela mesma se coloca como centro e supõe que tudo deve acontecer em função dela. O nascimento de um irmão é um exemplo típico. Quando o irmão mais velho apresenta reações de ciúme se deve à necessidade de partilhar o amor materno, que gostaria de ter só para si.

Na criança, o ciúme se expressa por meio de diversas perturbações como regressão na aprendizagem de higiene, humor melancólico e agressividade. É um sinal de alerta para as mamães cristãs. Devagar, mas de forma consistente, elas devem ajudar a criança a crescer emocionalmente desenvolvendo a interpretação dos padrões do amor divino, que não nos deixa perder a autenticidade e nos ensina a repartir.

No lar, além das reações de ciúme apresentadas pelas crianças, encontramos outras demonstrações desse sentimento pelos diferentes membros da família, com ou sem motivo. É o caso do esposo que sente ciúme da esposa por causa dos filhos. Normalmente, ele volta para casa ao final de um cansativo dia de trabalho, com expectativas para a atenção que a esposa lhe dispensará. Acontece que a mulher desempenha duplo papel. Além de cuidar dos filhos em tempo integral, há as atividades e possíveis afazeres paralelos bem como a atenção que para ela é importante dispensar ao marido. Viver esses papéis sem conflitos exige da mulher disciplina, tranqüilidade e equilíbrio. E do esposo, compreensão.

Ciúme é um sentimento profundamente ambivalente. Quase sempre exprime o medo de perder o que se possui: amor, prestígio ou amizades. Ciúme amoroso pode ter um motivo real ou imaginário. Se for imaginário, indica uma perturbação da personalidade, muitas vezes devido a um complexo de inferioridade.

O ciumento é um indivíduo profundamente centrado em si mesmo e, ao mesmo tempo, um ansioso. Ama-se a si mesmo, antes de tudo.

Não ama necessariamente o seu cônjuge, podendo até mesmo detestá-lo inconscientemente. Ele teme que lhe neguem o seu valor pessoal; inventa, muitas vezes, razões para ser ciumento; justifica suas atitudes com pretextos "paixão ou honra", porém, na realidade, tem medo de ser abandonado. Muitos casais sofrem os efeitos desse tipo de ciúme.

Encontramos, ainda, o ciúme como principal sintoma de uma verdadeira doença mental, de estrutura paranóide. Muitos crimes passionais são cometidos sob o efeito do chamado "delírio de ciúme".

De todas as emoções que uma mulher pode sentir, talvez a mais dolorosa seja o ciúme. É uma reação intensa, proporcional ao grau de insegurança frente à pessoa, coisa ou situação que ela não quer perder. Essa emoção pode desencadear comportamentos agressivos até em pessoas calmas.

Amor humano e amor divino

Para compreendermos melhor as causas, efeitos, prevenção e a maneira de se livrar do ciúme, nada melhor do que refletirmos traçando um paralelo entre o amor humano e o amor divino.

O amor, humanamente falando, é um forte sentimento de difícil definição. É um sentimento atrativo, complexo, comprometido com a razão. Por sentimento, entendemos a disposição psíquica, o estado da alma em relação a determinado objeto ou pessoa. É um estado afetivo consecutivo a um ato. O sentimento tem uma significação. Representa uma necessidade para quem o experimenta. Sua expressão tem por efeito aliviar a pessoa das suas tensões. Chorar alivia a raiva. Expressar os sentimentos, às vezes, representa um esforço para restabelecer o equilíbrio psicológico. Existem três palavras que definem tipos de amor distintos:

- *Eros* — é o amor instintivo, físico, carnal. É, ao mesmo tempo, intenso, frágil e provoca a paixão carnal. Esse tipo de amor sozinho é perigoso, pois é capaz de causar muita frustração;
- *Fileo* — é o amor fraternal, a amizade, a afeição e o calor humano;

• *Ágape* — é o amor divino. Representado em João 3.16 como a expressão do amor de Deus, que deu seu único filho para nossa salvação. É o amor que se distingue pelos elementos que o compõem, citados em 1Co 13.1-13. Esse amor é mais do que um simples sentimento. É um mandamento. Nenhum valor supera o valor do amor Ágape. Ele é sofredor, benigno, não é invejoso, não trata com leviandade, não se ensoberbece, não se porta com indecência, não busca os seus interesses, não se irrita, não suspeita mal.

Na relação de casamento, esses três tipos de amor são importantes. O amor Ágape deve reger qualquer outro sentimento amoroso. A sexualidade, a fraternidade, amizade e afeição devem ser cultivadas de forma saudável.

O amor divino cresce em nós a medida em que vivemos uma vida de intimidade com Deus. Se andarmos em Espírito, produziremos o Fruto do Espírito, que refletirá em nossas ações: amor, gozo, paz, longanimidade, benignidade, bondade, fé, mansidão, temperança (Gl 5.22).

No amor Ágape, o ciúme não tem espaço, pois o respeito e a honra pelo outro estão acima de qualquer desejo pessoal. Não devemos permitir que Satanás encontre brechas para atuar, interferindo em nossas interpretações, dando origem ao ciúme doentio. Assim, a insegurança e sentimentos de inferioridade deixarão de povoar nosso mundo psíquico. Como conseqüência, no caso do relacionamento amoroso, o casal que possui sua vida no altar do Senhor, terá suas experiências diárias enriquecidas com a presença Dele. Dessa forma, ambos irão cultivar o verdadeiro amor, que vence obstáculos, que aproxima duas vidas. Esse amor é regado com muito carinho com atitudes e gestos espontâneos de quem ama e sente prazer em ver o outro feliz. Quem procede assim sabe amar e expressar o seu amor.

Quando vivemos a nossa relação sob os efeitos do amor Ágape, a fidelidade absoluta em relação ao amado é apenas uma decorrência óbvia e necessária que produz confiança mútua. Não existe desejo de infidelidade quando encontramos alguém que nos preenche plenamente.

Capítulo 46

As Nossas Mãos

"Praticar boas obras poderá trazer boas recordações, da mesma maneira que ações precipitadas ou com intenções obscuras, com certeza, trarão lembranças amargas".

Quando Deus formou a mulher, o fez de maneira especial (Gn 2.2). Ele planejou e com as suas mãos a criou. Dotou-a de capacidades plenas e funções especiais, com aptidões diferentes, proporcionando a cada uma delas um leque de possibilidades de realizações. Assim, desde os tempos antigos até os dias atuais, é possível visualizar mulheres cristãs que entenderam o plano de Deus para as suas vidas, ocupam suas mentes com sabedoria e bons propósitos e, por meio das suas mãos, executam ações conscientes, que tornam possível a identificação com o perfil da mulher virtuosa, descrita no livro de Provérbios 31.10-31.

Num breve momento de reflexão identificaremos possibilidades de manifestar o amor, de maneira concreta, por intermédio de ações, idéias, intenções e sentimentos. É a chance de completar a vida se sentindo útil, realizada e feliz. "Tudo o que te vier à mão para fazer, faze-o, conforme as tuas forças" (Ec 9.10).

Nossas mãos possuem significados mais amplos do que qualquer dicionário possa definir. Elas são constituídas anatomicamente de um conjunto de ossos, com rica rede vascular e nervosa. Suas funções principais são apreensão e tato. As mãos são, também, agentes do gesto, contribuindo para a transmissão do pensamento. Logo, tem grande importância na arte de comunicar. Além disso, lhe são atribuídas grande número de adjetivos. Vejamos alguns:

- Mão amiga — a que marca presença para transmitir apoio na hora certa, protegendo e ajudando (At 20.34,35).
- Mão aberta — a que está sempre pronta para contribuir para o que for útil e necessário na obra de Deus.
- Mãos santas — as que se levantam para adorar a Deus, em oração, sem ira nem contendas (1 Tm 2.8).
- Mãos puras — as que crescem em força (Jo 17.9).

Nas atribuições que nos foram confiadas como esposa, expressamos companheirismo numa relação de amor *ágape* em que carinhosamente, por intermédio de atitudes e gestos, compartilhamos e alimentamos bons sentimentos que tornam possível uma vida feliz e equilibrada.

Enquanto mães, nós podemos utilizar as mãos para operacionalizarmos bons propósitos em relação aos filhos, acariciando-os, ensinando-os e disciplinando-os para ajudá-los a crescer em estatura, sabedoria e graça para com Deus e os homens (Pv 22.6 e Lc 2.52).

Muitas mulheres, além da dedicação à família, e por amor a ela, dedicam algum tempo do dia para ajudar a compor o orçamento doméstico com atividades dentro ou fora do lar. Suas mãos servirão, mais uma vez, como instrumento de bênçãos nessa tarefa (Pv 31.13,16 e 19).

A mulher solteira ou viúva, como Ana, a profetiza, pode dedicar o seu tempo e talentos de maneira mais livre, pois não tem tantas preocupações e cuidados como as casadas. Dessa forma, usando as suas mãos, poderá contribuir na realização de grandes projetos no serviço de Deus, para a glória dEle e sua própria felicidade (Lc 2.36-3; 1 Co 7.34).

Os efeitos terapêuticos de mentes e mãos ocupadas com atividades significativas são sentidos naturalmente como conseqüência desse investimento. Manter-se ativa e produzindo frutos é saudável para o espírito, alma e corpo.

Praticar boas obras poderá trazer boas recordações, da mesma maneira que ações precipitadas ou com intenções obscuras, com certeza, trarão lembranças amargas. Não nos esqueçamos que, um dia, o autêntico valor das nossas obras aparecerá. Os critérios de seleção são divinos. Elas serão provadas no fogo (1 Co 3.13).

Se em algum momento da vida nossas mãos estivessem enfraquecidas ou inseguras para realizar algo temos a promessa de pronta ajuda do Senhor: "Porque eu, o Senhor, teu Deus, te tomo pela tua mão direita e te digo: não temas que eu te ajudo" (Is 41.13).

Quase sempre, a preocupação maior da mulher cristã, é enfrentar com coragem a batalha espiritual diária. Há garantia de vitória na Bíblia Sagrada que diz: "Bendito seja o Senhor, minha rocha, que adestra as minhas mãos para a peleja e os meus dedos para a guerra" (Sl 144.1).

Bibliografia

ADAMS, Jay E. *Conselheiro Capaz*. Editora Fiel, 1970.

ALBERTI, Robert E. *Comportamento Assertivo*. Belo Horizonte: Editora Interlivros, 1978.

ALLPORT, Gordon Willard. *Personalidade, Padrões e Desenvolvimento*. São Paulo: Editora Pedagógica e Universitária Ltda, 1973.

BEE, Helen. *A criança em Desenvolvimento*. 3ª ed. São Paulo: Editora Harper & Row do Brasil Ltda.

BETTELHEIM, Bruno. *Uma vida para seu filho*. Rio de Janeiro: Editora Campus, 1988

BIDDULPH, Steve. *Criando Meninos*. São Paulo: Editora Fundamento, 2002

______, Steve. *Quem vai educar seus filhos?* São Paulo: Editora Fundamento, 2003.

BUDD, Luann. *Como colocar suas idéias no papel*. São Paulo: Editora Vida.

CALIL, Vera Lúcia Lamanno. *Terapia Familiar e de Casal*. 2ª Ed. São Paulo: Editora Summus, 1987.

CLOUD, Henry. *Limites no casamento*. São Paulo: Editora Vida.

______, Henry. *Limites para ensinar os filhos*. São Paulo: Editora Vida, 2001

______, Henry. *Relacionamentos Squdáveis*. São Paulo: Editora Vida.

DORIN, Lannoy. *Psicologia da adolescência*. 5ª ed. Editora do Brasil, 1978.

DUSILEK, Nancy. *Mulher sem nome*. São Paulo: Editora Vida.

FEURERTEIN, R. *Instrumental Enrichment*, Baltimore: University Park Press, 1980.

FITZPATRICK, Elyse, CORNISH, Carol. *Mulheres Ajudando Mulheres*. Rio de Janeiro: CPAD, 2001.

GARRETT, Henry E. *Psicologia*. 8ª ed. Ao Livro Técnico, R.J.

GETZ, Gene A. *A Estrutura de uma mulher (Espiritual)*. Miami-Flórida: Editora Vida.

GILBERTO, A. *Crescimento em Cristo*. Rio de Janeiro: CPAD.

______, A. *Manual da Escola Dominical*. Rio de Janeiro: CPAD.

______, A. *O Fruto do Espírito. Rio de Janeiro*. Rio de Janeiro: C.PAD.

GOLEMAN, D. *Inteligência Emocional*. Rio de Janeiro: Editora Objetiva.

GOTTMAN, John. *Inteligência Emocional E a Arte de Educar Nossos Filhos*. 5ª ed. Editora Objetiva.

GRAMS, Betty Jane. *Mulheres Cheias de Graça*. São Paulo: Editora Vida, 1993.

HARRIS, Thomas, A. *Eu estou OK, você está OK*. 8ª ed. Rio de Janeiro: Editora Record, 1997.

HEALD, Cynthia. *A excelência da mulher*. Campinas-SP: United Press, 1998.

HUDSON, K. *Criando os Filhos à Maneira de Deus*. Rio de Janeiro: CPAD.

HURDING, Roger F. *A Árvore da Cura*. São Paulo: Editora Vida Nova, 1995.

JERSILD, Arthur T. *Psicologia Del Nino*. Buenos Aires: Editora Universitária.

KELLER, Gugu, *Síndrome do Pânico*. Editora Globo, 1995.

Bibliografia

LIMA, Elinaldo Renovato. *A família Cristã nos dias atuais*. Rio de Janeiro: CPAD, 1986.

MACHADO, Remo Cardoso, *Psicoterapia centrada na Bíblia*. Rio de Janeiro: Editora JUERP, 1993.

MALDONADO, Maria Teresa. *Comunicação entre pais e filhos, A linguagem do sentir*. 5ª ed. Petrópolis-RJ: Editora Vozes, 1984.

MARKMAN, Howard. *Como fortalecer seu casamento*. Rio de Janeiro: Editora Campus, 1996.

MARTINS Filho, José. *Lidando com crianças, Conversando com os pais*. Campinas – SP: Editora Papirus, 1995.

MINICUCCI, A. *Relações Humanas*. 3ª Ed. São Paulo: Editora Atlas.

MURRAY, Edward J. *Motivação e Emoção*. Rio de Janeiro: Zahar Editores, 1967.

PALMS, Roger C. *Celebrando a Vida depois dos 50*. Traduzido por Ormi Sardenberg, 2000.

PENNA, G.A. *Aprendizagem e Motivação*. Rio de Janeiro: Zahar Editores.

PIAGET, Jean. *O Nascimento da Inteligência na Criança*. 2ª ed. Rio de Janeiro: Zahar Editores, 1974

PRICE, Eugênia. *De mulher para mulher*. São Paulo: Mundo Cristão, 1979.

SALK Lee. *O que toda criança gostaria que os pais soubessem*. Círculo do Livro S/A

SBEPPARD, Alice. *Eu Quero! Eu Posso!* São Paulo: Vida Cristã, 1989.

SCHUTZ, C. William, *The Interpersonal Underworld*. Science and Behavior Books

SOLOMON Philip. *Manual de Psiquiatria*. São Paulo: Editora da Universidade de São Paulo, 1975.

TIBA, Içami. *Disciplina limite na medida certa*. São Paulo: Editora Integrare, 2006.

TURECKI, Stanley. *A criança difícil*. São Paulo: Editora Maltese, 1990.

TURNER, J. *Desenvolvimento Cognitivo*. Rio de Janeiro: Zahar Editores.

WARREN, Rick. *Uma vida com propósitos*. São Paulo: Editora Vida.

WHITTAKER O. J. *Psicologia*. 3ª ed. Rio de Janeiro: Graphos Indl. Graf.

ZIGLAR, Zig. *Namorados para sempre*. São Paulo: Editora Vida.